跨境电商运营与推广实训教程

宋秀峰 卢 伟 主 编
宋津睿 尹利军 汪占熬 副主编

中国财经出版传媒集团
经济科学出版社
Economic Science Press

图书在版编目（CIP）数据

跨境电商运营与推广实训教程/宋秀峰，卢伟主编
. -- 北京：经济科学出版社，2022.11
ISBN 978 - 7 - 5218 - 3252 - 5

Ⅰ.①跨… Ⅱ.①宋…②卢… Ⅲ.①电子商务－运营管理 Ⅳ.①F713.365.1

中国版本图书馆 CIP 数据核字（2021）第 252617 号

责任编辑：李　雪
责任校对：刘　娅
责任印制：邱　天

跨境电商运营与推广实训教程

宋秀峰　卢　伟　主　编
宋津睿　尹利军　汪占熬　副主编
经济科学出版社出版、发行　新华书店经销
社址：北京市海淀区阜成路甲 28 号　邮编：100142
总编部电话：010 - 88191217　发行部电话：010 - 88191522
网址：www.esp.com.cn
电子邮箱：esp@esp.com.cn
天猫网店：经济科学出版社旗舰店
网址：http://jjkxcbs.tmall.com
北京时捷印刷有限公司印装
710×1000　16 开　15 印张　230000 字
2022 年 11 月第 1 版　2022 年 11 月第 1 次印刷
ISBN 978 - 7 - 5218 - 3252 - 5　定价：48.00 元
（图书出现印装问题，本社负责调换。电话：010 - 88191510）
（版权所有　侵权必究　打击盗版　举报热线：010 - 88191661
QQ：2242791300　营销中心电话：010 - 88191537
电子邮箱：dbts@esp.com.cn）

《跨境电商运营与推广实训教程》
编写委员会

主　　编：宋秀峰　　卢　伟

副主编：宋津睿　　尹利军　　汪占熬

编　　委：陈　婷　　赵桂燕　　陈　琪

前　　言

在当前互联网＋跨境电商业务大发展的大背景下，跨境电商正以其特有的优势成为国际贸易发展的新业态和新模式。许多跨境电商正在从传统外贸企业向跨境企业转型，跨境电商人才的市场需求已迫在眉睫。然而，人才市场的培养与培训也迫切期待相关教材的指导。有鉴于此，本书以培养读者的跨境电商运营能力为目标，详细介绍跨境电商基础知识、跨境电商业务开展和运营问题，如海外市场调研与定位，跨境电商平台的选择与信息发布，跨境电商网络推广，跨境电商大宗贸易谈判，跨境电商物流、融资与风控等内容。

本书以跨境电商业务开展过程为脉络，采用项目教学的方式组织内容，每个项目的选取都来源于跨境电商业务活动的现实，主要内容涵盖了跨境电商业务开展实施的五个过程，即把跨境电商运营能力训练和提升分解到五个项目的具体操作中，每个项目均由学习目标、项目情景、相关知识、任务分解、思考和练习五部分组成。在项目学习目标部分，给出该项目下必须掌握的知识目标以及能力目标；在项目情景部分，给出该项目开展的公司背景和项目背景等；在相关知识部分，完整地介绍了项目开展过程中所必须掌握的各类理论知识，包括海外市场调研、跨境电商平台选择、跨境电商的网络推广、跨境电商贸易谈判及风险等；在任务分解部分，将每个项目进行细致分解，帮助读者进一步清晰项目开展的步骤；在思考和练习部分，精心筛选了适量的习题以及相应的实际操作和案例分析，以供读者检测学习效果，进一步巩固所学知识，真正做到学以致用。

通过以上五个项目的学习和训练，读者不仅能够掌握跨境电商运营和谈判所需的理论知识，而且能够掌握跨境电商运营过程中需要具备的方法，达到跨境电商推广人员、跨境电商运营人员、跨境电商谈判人员和跨境电商数据分析师等职业所要求的职业技能与素养。

本书为《跨境电商实务》（陈道志、卢伟等编著）授权的后续配套实训教材，可作为应用型本科院校、职业院校跨境电商专业、国际贸易专业、电子商务专业相关课程的参考教材，其参考学时为32～64学时，建议采用理论实践一体化教学模式，各项目的参考学时见学时分配表。

学时分配表

项目	课程内容	学时
项目一	海外市场调研与定位	6～10
项目二	跨境电商平台的选择与信息发布	4～10
项目三	跨境电商网络推广	10～20
项目四	跨境电商大宗贸易谈判	6～12
项目五	跨境电商物流、融资与风控	4～8
	课程考评	2～4
	课时总计	32～64

本书是教育部高教司产教融合协同育人项目国际经济与贸易

专业"创新创业"人才培养体系研究与实践（南昌应用技术师范学院）、浙江省"十三五"规划第二批教改项目（温州商学院）、福建省级精品资源共享课项目《跨境电商运营实训》、福建省级一流专业国际经济与贸易建设项目（闽江学院）等的阶段性成果，全书由宋秀峰副教授（项目一至项目五的主要部分）、北京慧睿国际技术发展有限公司卢伟总经理（项目总体设计）主编，由宋津睿、尹利军、汪占熬担任副主编（分别为项目一、项目二、项目三的实训部分内容）及陈婷、赵桂燕、北京慧睿国际技术发展有限公司陈琪三位担任编写组成员（分别为项目四和项目五的审定复核工作）共同参与本书再版的编写。由于编者水平和经验有限，书中难免有不足之处，恳请读者批评指正。

编 者

2021 年 11 月

目　　录

项目一　海外市场调研与定位 ……………………………………… 1
【学习目标】………………………………………………………… 1
【项目情景】………………………………………………………… 1
【相关知识】………………………………………………………… 2
　一、特劳特定位理论 …………………………………………… 2
　二、STP 分析 …………………………………………………… 4
　三、4P 营销理论 ………………………………………………… 8
　四、国际市场常用的调研方法 ………………………………… 9
　五、国际市场调研中面临的问题 …………………………… 10
　六、国际市场调研的新方法论 ……………………………… 11
　七、国际市场调研中注意的问题 …………………………… 14
【任务分解】……………………………………………………… 16
任务一　海外市场调研 …………………………………………… 16
　一、行业及产品情况 ………………………………………… 17
　二、确定目标市场 …………………………………………… 19
　三、竞争对手分析 …………………………………………… 23
　四、市场容量分析 …………………………………………… 24
任务二　海外市场定位 …………………………………………… 28
　一、目标市场定位 …………………………………………… 28
　二、营销策略制定 …………………………………………… 33
　三、设定营销目标 …………………………………………… 34

【思考和练习】 ·· 35

项目二　跨境电商平台的选择与信息发布 ················ 38

【学习目标】 ·· 38
【项目情景】 ·· 38
【相关知识】 ·· 39
　　一、跨境电商宏观环境 ································· 39
　　二、常见的跨境电商 B2B 平台 ······················· 43
　　三、常见的国内和国外跨境电商品牌 ················ 47
　　四、跨境贸易电子商务服务平台 ····················· 49
【任务分解】 ·· 51
任务三　跨境电商平台的选择 ···························· 51
　　一、平台分析和特点分析 ······························ 52
　　二、平台对比 ·· 57
　　三、平台数据分析 ······································· 60
　　四、平台选择 ·· 62
任务四　平台信息发布 ······································ 63
　　一、公司信息发布 ······································· 63
　　二、产品信息发布 ······································· 68
【思考和练习】 ·· 89

项目三　跨境电商网络推广 ······························ 96

【学习目标】 ·· 96
【项目情景】 ·· 96
【相关知识】 ·· 97
　　一、邮件营销的理论与应用 ··························· 97
　　二、Google SEO 的理论与应用 ······················ 105

三、Google Adwords 的理论与应用 …………………… 118

　　四、Facebook 营销的理论与应用 …………………… 132

　　五、YouTube 营销的理论与应用 …………………… 137

【任务分解】………………………………………………… 143

任务五　邮件营销 …………………………………………… 143

　　一、客户细分 ……………………………………… 143

　　二、内容策划 ……………………………………… 145

　　三、数据追踪分析 ………………………………… 146

任务六　Google 推广 ………………………………………… 147

　　一、Google SEO …………………………………… 147

　　二、Google Adwords ……………………………… 150

任务七　Facebook 营销 ……………………………………… 151

　　一、客户细分 ……………………………………… 152

　　二、互动活动策划 ………………………………… 153

任务八　YouTube 推广 ……………………………………… 154

　　一、拍客推广 ……………………………………… 155

　　二、自拍视频推广 ………………………………… 158

　　三、买家推广 ……………………………………… 159

【思考和练习】……………………………………………… 160

项目四　跨境电商大宗贸易谈判 ………………………… 162

【学习目标】………………………………………………… 162

【项目情景】………………………………………………… 162

【相关知识】………………………………………………… 163

　　一、商务谈判中的价格策略与技巧 ……………… 163

　　二、价格谈判的准备 ……………………………… 163

　　三、报价 …………………………………………… 164

　　四、讨价还价 ……………………………………… 165

【任务分解】 168
任务九　询盘谈判 168
　　一、询盘分析 168
　　二、客户跟进方法 178

任务十　价格谈判 183
　　一、确定价格谈判策略 184
　　二、掌握价格谈判的技巧 187

任务十一　售后投诉谈判 189
　　一、及时与买家沟通 189
　　二、发货及物流服务 190
　　三、妥善化解纠纷 192

【思考和练习】 192

项目五　跨境电商物流、融资与风控 197

【学习目标】 197
【项目情景】 197
【相关知识】 198
　　一、跨境电商物流模式 198
　　二、报关与通关 204
　　三、一达通融资 206
　　四、跨境电商风险类型 207

【任务分解】 210

任务十二　物流优化 210

任务十三　跨境电商融资 218
　　一、信用证审核 218
　　二、信用证买断服务 219

任务十四　跨境电商风险控制 220
　　一、政治风险控制 220

二、进行资信调查 ································· 221
三、物流风险控制 ································· 222
【思考和练习】 ··································· 223

参考文献 ·· 224

项目一
海外市场调研与定位

【学习目标】

(一) 知识目标

1. 了解海外市场的调研思路和步骤
2. 了解海外市场研究的方法
3. 学习海外市场的常用语言
4. 学习海外市场线上和线下的有效推广渠道

(二) 能力目标

1. 熟练掌握海外市场调研的常见工具
2. 了解产品如何在目标市场中定位

【项目情景】

某建材出口公司的负责人李经理从事钢材生产和销售一体化工作,有近十年的国内市场经营经验。但是,由于近期钢材行业不景气,再加上欠款和账期,公司销售额急剧减少。为了寻求发展空间,该公司尝试寻求海外市场的发展。

尽管该公司经营的钢材产品品类很多,但是他们有把握管控好的供应链资源只有优质钢这一类产品,这类产品是国内公司在长期市场发展过程中积累起来的。

由于公司规模并不大，难以和现有大企业在需求量大的基础建材类钢材抢夺市场，便计划从需求量小的特殊钢材入手，以快速建立自己的优势竞争力。李经理需要通过调研来论证应该以哪个市场作为助攻市场，进而做好海外市场定位。

【相关知识】

一、特劳特定位理论

特劳特定位理论由"定位之父"杰克·特劳特开创，并在40多年的实战中不断得以丰富和完善。特劳特于1969年在美国《工业行销》杂志发布的论文《定位：同质化时代的竞争之道》中首次提出商业中的"定位"观念，1972年以《定位时代》论文开创了定位理论，并在40多年的实战中致力于定位理论的不断开创与完善：1981年出版学术专著《定位》；1996年推出了定位论刷新之作《新定位》；2001年，定位理论压倒菲利普·科特勒的市场营销4P理论和迈克尔·波特的五力理论，被美国营销学会评为"有史以来对美国营销影响最大的观念"；2009年，杰克·特劳特推出了定位论落定之作《重新定位》。

杰克·特劳特根据军事中"选择决战地点"的概念提出定位理论。所谓定位，就是让品牌在消费者的心智中占据最有利的位置，使其成为某个类别或某种特性的代表品牌。这样，当消费者产生相关需求时，便会将定位品牌作为首选，也就是说这个品牌占据了这个定位。特劳特认为，随着消费者选择的力量越来越大，企业不能像以往一样，仅从营利角度来经营自己的品牌，只有抢先利用定位理论优势，才能把握住顾客的"心智资源"，在竞争中占据主动地位，获得长远的竞争优势。

在大竞争时代，企业只有两种存在方式：要么实现差异化生存，要么无差异化而逐渐消亡。企业必须学习定位理论。商品只有被精准定位，才能在竞争中脱颖而出，所以差异化和定位对于企业来说是至关重要的。

为验证与发展定位理论，特劳特花了20多年的时间，形成了定位四步工作法。

第一步，分析整个外部环境，确定我们的竞争对手是谁，竞争对手的价值是什么。

第二步，避开竞争对手在顾客心中的心理优势，或利用其优势中蕴含的弱点，确立品牌的优势位置——定位。

第三步，为这一定位寻求一个可靠的证明——信任状。

第四步，将这一定位整合进企业内部运营的方方面面，以将其植入顾客的心智。

值得一提的是，特劳特中国公司总经理邓德隆先生将定位提升到了企业战略的高度：在外部市场竞争中确立优势定位，引入企业内部作为战略核心，在此基础上评估、改进和规划运营活动，以使企业达到最优化经营，获取更佳绩效，同时建立起可持续竞争优势。2008年，特劳特中国公司服务的加多宝超越可口可乐，成为"中国饮料第一罐"。从那时起，定位理论日益受到中国企业的关注，定位咨询协助中国企业打造强势品牌的案例越来越多，著名的还有江中健胃消食片、乌江榨菜香、飘飘奶茶、长城汽车、东阿阿胶、真功夫快餐、九阳豆浆机、兴业银行、劲霸男装等。[1]

案例：美国米勒公司营销案[2]

在20世纪60年代末，米勒啤酒公司在美国啤酒业排名第八，市场份额仅为8%，与百威、蓝带等知名品牌相距甚远。为了改变这种状况，米勒公司决定采取积极进攻的市场战略。

---

[1] 特劳特定位协助加多宝战略发展，蝉联中国罐装饮料销量第一名. http://hunan.ifeng.com/a/20190912/7703374_0.shtml, 2019年9月12日, 东方网.
[2] https://wenku.so.com/d/ed6a1c5908d1dc47f92839b5a368682b?src=www_rec, 2017年11月27日, 新浪网.

他们首先进行了市场调查。通过调查发现，若按使用率对啤酒市场进行细分，啤酒饮用者可细分为轻度饮用者和重度饮用者，前者人数虽多，但饮用量只有后者的1/8。

他们还发现，重度饮用者有以下特征：多是蓝领阶层，每天看电视3个小时以上，爱好体育运动。米勒公司决定把目标市场定在重度饮用者身上，并果断决定对米勒的"海雷夫"牌啤酒进行重新定位。

重新定位从广告开始。他们首先在电视台特约了一个"米勒天地"的栏目，广告主题变成了"你有多少时间，我们就有多少啤酒"，以吸引那些"啤酒坛子"。广告画面中出现的尽是些激动人心的场面：船员们神情专注地在迷雾中驾驶轮船、年轻人骑着摩托车冲下陡坡、钻井工人奋力止住井喷等。

结果，"海雷夫"的重新定位战略取得了很大的成功。到了1978年，该品牌的啤酒年销量达到2000万箱，仅次于AB公司的百威啤酒，在美国排名第二。

二、STP分析

STP分析即市场细分（segmenting）、选择目标市场（targeting）和产品定位（positioning）的总称。STP法则是整个营销建设的基础，它对各自的市场进行细分，并选择自己的目标市场，传达出各自不同的定位。

市场细分这一概念是由美国市场学家温德尔·史密斯（Wendell R. Smith）于20世纪50年代中期提出来的，它是指营销者通过市场调研，依据消费者的需要和欲望、购买行为和购买习惯等方面的差异，把某一产品的市场整体划分为若干个消费者群的市场分类过程。每一个消费者群就是一个细分市场，每一个细分市场都是由具有类似需求倾向的消费者构成的群体。经过市场细分，在同类产品市场上，就某一细分市场而言，消费者需求具有较多的共同性，而不同细分市场之间的需求具有较多的差异性。

（一）市场细分的特性

从市场细分的目的来看，可以发现，企业进行市场细分的目的是通过对顾客需求差异予以定位来取得较大的经济效益。众所周知，产品的差异化必然导致生产成本和营销费用的相应增长，所以，企业必须在市场细分所得收益与市场细分所增成本之间做一个权衡。由此我们得出有效的细分市场必须具备以下特征。

（1）可衡量性：各个细分市场的购买力和规模能被衡量的程度。如果细分变数很难衡量，就无法界定市场。

（2）可营利性：企业新选定的细分市场容量足以使企业获利。

（3）可进入性：所选定的细分市场必须与企业自身状况相匹配，企业有占领这一市场的优势。可进入性具体表现在信息进入、产品进入和竞争进入三个方面。考虑市场的可进入性，实际上是研究其营销活动的可行性。

（4）差异性：细分市场在观念上能被区别，并对不同的营销组合因素和方案有不同的反应。

（二）市场细分的阶段

进行市场细分主要包括三个阶段，即调查阶段、分析阶段和细分阶段。细分消费者市场的基础主要有以下几点。

（1）地理细分：国家、地区、城市、农村、气候、地形。

（2）人口细分：年龄、性别、职业、收入、教育、家庭人口、家庭类型、家庭生命周期、国籍、民族、宗教、社会阶层。

（3）心理细分：社会阶层、生活方式、个性。

（4）行为细分：时机、追求利益、使用者地位、产品使用率、忠诚程度、购买准备阶段、态度。

例如，一家航空公司对从未乘坐过飞机的人很感兴趣（细分标准是顾客的体验），而从未乘坐过飞机的人又可以细分为害怕飞机的人、对乘坐飞机无所谓的人以及对乘坐飞机持肯定态度的人（细分标准是态度）。在持肯定态度的人中，又包括高收入有能力乘坐飞机的人（细分标准是收入）。于是这家航空公司就把力量集中在开拓那些对乘坐飞机持肯定态度，只是还没有乘坐过飞机的高收入群体上。

（三）市场细分的步骤

通过以上例子，我们能够发现市场细分主要包括以下步骤。

（1）选定产品市场范围。公司应明确自己在某行业中的产品市场范围，并以此作为制定市场开拓战略的依据。

（2）列举潜在顾客的需求。可从地理、人口、心理等方面列出影响产品市场需求和顾客购买行为的各项变数。

（3）分析潜在顾客的不同需求。公司应对不同的潜在顾客进行抽样调查，并对所列出的需求变数进行评价，了解顾客的共同需求，制定相应的营销策略。调查、分析、评估各细分市场，最终确定可进入的细分市场，并制定相应的营销策略。

（四）市场细分的作用

细分市场不是根据产品品种、产品系列进行的，而是从消费者（指最终消费者和工业生产者）的角度进行划分，是根据市场细分的理论基础（消费者的需求、动机、购买行为的多元性和差异性）来划分的。市场细分的作用有以下几点。

（1）有利于选择目标市场和制定市场营销策略。市场细分后的子市场比较具体，比较容易了解消费者的需求，企业可以根据自己的经营思想、方针及生产技术和营销力量，确定自己的服务对象，即目标市场。针对较小的目标市场，便于制定特殊的营销策略。同时，在细分市场上，企业更容易了解信息并得到反馈，一旦消费者的需求发生变化，企业可迅速改变营销策略，制定相应的对策，以适应市场需求的变化，提高企业的应变能力和竞争力。

联想的产品细分策略正是基于产品的明确区分。联想打破了传统的"一揽子"促销方案，围绕"锋行""天骄""家悦"三个品牌面向的不同用户群需求，推出不同的"细分"促销方案。选择"天骄"的用户，可以优惠购买让数据随身移动的魔盘、可精彩打印数码照片的 3110 打印机、SOHO 好伴侣的 M700 多功能机以及让人尽享数码音乐的 MP3 播放器；选择"锋行"的用户，可以优惠购买"数据特区"双启动魔盘、性格鲜明的打印机以及"新歌任我选"MP3 播放器；钟情于"家悦"的用户，则可以优惠购买"电子小书包"魔盘、完成学习打印的打印机、名师导学的网校卡以及成就计算机高手的 Windows XP 计算机教程。①

（2）有利于发掘市场机会，开拓新市场。通过市场细分，企业可以对每一个细分市场的购买潜力、满足程度、竞争情况等进行分析对比，探索出有利于本企业的市场机会，使企业及时做出投产、异地销售决策，或根据本企业的生产技术条件编制新产品开拓计划，进行必要的产品技术储备，掌握产品更新换代的主动权，开拓新市场，以更好地适应市场的需要。

（3）有利于集中人力、物力，投入目标市场。任何一个企业的人力、物力、资金等资源都是有限的。通过细分市场，选择了适合自己的目标市场，企业就可以集中人、财、物等资源，去争取局部市场上的优势，然后再占领自己的目标市场。

（4）有利于企业提高经济效益。前面三个方面的作用都能使企业提高经济效益。除此之外，通过市场细分，企业可以面对自己的目标市场，生产出适销对路的产品，既能满足市场需要，又可增加企业的收入。产品适销对路可以加速商品流转，加大生产批量，降低企业的生产和销售成本，提高生产工人的劳动熟练程度，提高产品质量，全面提高企业的经济效益。

（五）目标市场选择策略

根据各个细分市场的独特性和公司自身的目标，共有以下三种目标市

---

① 参见屈云波、张少辉：《市场取舍的方法与案例》，企业管理出版社 2010 年版。

场策略可供选择。

（1）无差异：公司只推出一种产品，或只用一套市场营销办法来招徕顾客。当公司断定各个细分市场之间很少有差异时，可考虑采用这种大量市场营销策略。

（2）密集性：公司将一切市场营销努力集中于一个或少数几个有利的细分市场。

（3）差异性：公司根据各个细分市场的特点，相应扩大某些产品的花色、式样和品种，或制定不同的营销计划和方法，以充分适应不同消费者的不同需求，吸引各种不同的购买者，从而提高各种产品的销售量。该策略适用于大部分大型公司或跨境电商企业，其主要优缺点如下：

优点：在产品设计或宣传营销上能有的放矢，分别满足不同地区消费者的需求，可提高产品的总销售量，同时可使企业在细分小市场上占有优势，从而提高企业的竞争力，在消费者心中树立良好的品牌形象。

缺点：会增加各种费用，如产品改良成本、制造成本、管理费用、储存费用等。

三、4P营销理论

4P营销理论被归结为4个基本策略的组合，即产品（product）、价格（price）、渠道（place）、营销（promotion）。由于这4个词的英文首字母都是P，再加上策略（strategy），所以简称为"4P's"。4P营销理论产生于20世纪60年代的美国，随着营销组合理论的提出而出现。1953年，尼尔·博登在美国市场营销学会的就职演说中创造了"市场营销组合"这一术语，其意是指市场需求或多或少地在某种程度上受到所谓"营销变量"或"营销要素"的影响。

4P's实际上是从管理决策的角度来研究市场营销问题。从管理决策的角度看，影响企业市场营销活动的各种因素（变数）可以分为两大类：一是不可控因素，即营销者本身不可控制的市场或营销环境，包括微观环境和宏观环境；二是可控因素，即营销者自己可以控制的产品、商标、品牌、价格、广告、渠道等，而4P's就是对各种可控因素的归纳，具体的策略说明如下。

（1）产品策略（product strategy）：主要是指企业以向目标市场提供各种适合消费者需求的有形产品和无形产品的方式来实现其营销目标，其中包括对同产品有关的品种、规格、式样、质量、包装、特色、商标、品牌以及各种服务措施等可控因素的组合和运用。

（2）定价策略（pricing strategy）：主要是指企业以按照市场规律制定价格和变动价格等方式来实现其营销目标，其中包括对同定价有关的基本价格、折扣价格、津贴、付款期限、商业信用以及各种定价方法和定价技巧等可控因素的组合和运用。

（3）分销策略（placing strategy）：主要是指企业以合理地选择分销渠道和组织商品实体流通的方式来实现其营销目标，其中包括对同分销有关的渠道覆盖面、商品流转环节、中间商、网点设置以及储存运输等可控因素的组合和运用。

（4）营销策略（promoting strategy）：主要是指企业以利用各种信息传播手段刺激消费者购买欲望，促进产品销售的方式来实现其营销目标，其中包括对同营销有关的广告、人员推销、营业推广、公共关系等可控因素的组合和运用。

四、国际市场常用的调研方法

国际市场调研是复杂细致的工作，必须有严格、科学的程序和方法。企业对国际市场调研获取的资料，按其取得的途径不同一般分为两类：一类是通过自己亲自观察、询问、登记取得的，称为原始资料；另一类是别人搜集到的，调查者根据自己研究的需要将其取来为己所用，称为二手资料。调研方法可分为案头调研法和实地调研法。

（1）案头调研法。案头调研法就是二手资料调研或文献调研，它是以在室内查阅的方式搜集与研究项目有关资料的过程。二手资料的信息来源渠道很多，如企业内部有关资料、本国或外国政府及研究机构的资料、国际组织出版的国际市场资料、国际商会和行业协会提供的资料等。

（2）实地调研法。实地调研法是国际市场调研人员采用实际调研的方式直接到国际市场上搜集情报信息的方法。采用这种方法搜集到的资料就是一手资料，也称为原始资料。实地调研常用的调研方法有三种：询问法、观察法和实验法。

比如，企业进行国外市场环境、商品及营销情况调查，一般可通过下列渠道、方法进行：派出国推销小组深入国外市场以销售、问卷、谈话等形式进行调查（一手资料）；通过各种媒体（报纸、杂志、新闻广播、计算机数据库等）寻找信息资料（二手资料）；委托国外驻华或驻外商务机构进行调查。通过以上调查，企业基本上可以确定应选择哪个国家或地区为自己的目标市场、企业应该出口（进口）哪些产品以及以什么样的价格或方法进出口。

五、国际市场调研中面临的问题

国际市场调研的内容不仅广泛，而且极其复杂，因而比国内市场调研遇到的问题更多、更特别。从总体上讲，国际市场调研面临三个方面的问题。

（1）必须搜集多个市场的信息情报。有时调查目标达100多个国家，而每一个国家的营销情报需求又千差万别，这就导致调研成本和调研难度增加。由于对各国的调研不能采取统一的模式，在进行各国替代性研究时，调研人员在调研结果上可能会出现各种偏差。

（2）必须利用二手资料。在面对国别资料参差不齐、统计概念解释不一致等情况，使用者要充分了解二手资料的有限性与不可比性等特点，进行有效遴选和使用。

（3）必须搜集和利用原始资料。国际市场调研人员在搜集原始资料时经常会遇到诸如语言、各个国家社会组织多样化、市场有效反应率低、商业及通信的基础设施局限等问题,而且收集费用昂贵,其难度不言自明。

六、国际市场调研的新方法论

国际市场调研的新方法论——比较分析模型,不仅有助于提高调研数据的质量,而且可以向调研者提供不同于传统观念的解题新思路。

比较分析模型源自海格勒(Hagler)1952 年提出的比较研究方法,此方法着眼于整个营销市场管理系统。

(一)营销是环境的函数

比较分析模型强调营销过程和环境的关系,营销过程被视为环境的直接函数。营销决策变量替代营销环境变量,一旦环境因素发生变化,营销决策和营销过程也就随之发生变化。比较分析模型具体运用的是"对偶国家"分析方法。它先研究一国的环境和成功的营销过程,并根据环境的变化做一定的调整。

下面以麦当劳的案例解释这一理论。麦当劳在美国的营销组合内容具体包括以下方面。

(1)产品/服务设计:它注重高标准化、高而稳定的质量、快速的服务和较长的营业时间。

(2)价格:采取低价策略。

(3)分销:在城镇居民集中居住地区设店。

(4)营销:以消费导向型广告为主,尤其针对青年人,主要依靠电视媒体。

凭借这样的营销组合,麦当劳在美国大获成功。20 世纪 70 年代初,麦当劳准备开拓海外市场,这就需要先对可能的目标市场进行评估。传统的理论认为,麦当劳在美国的成功来自其有效的营销战略和麦当劳自身的努力。

而比较分析模型认为，麦当劳的成功是由环境变量获得的。两种理论的差别在于，比较分析模型认为麦当劳首先应利用现有的机会，而传统方法认为麦当劳的努力直接导致成功，比较分析模型强调营销组合是现有环境的函数，现有环境也是使既定营销组合成功的因素之一。因此，麦当劳的成功必须分析环境变量。

（二）营销环境变量

最重要的营销环境变量可分为自然、社会、经济和法律法规四种。

1. 自然环境变量

这类变量主要指特定市场对产品使用量的自然约束，包括人口、人口密度、地理位置、气候以及产品使用的自然条件（环境、空间等）。人口变量直接影响绝对市场容量，它和气候一样会随时间变化而发生变化。产品使用条件涉及产品在各种环境下的功能。

2. 社会环境变量

这类变量涉及与市场环境中社会、人文有关的因素，包括文化背景（种族、宗教、习俗和语言）、教育体制和社会结构（个人角色、家庭结构、社会阶层和参考群体）。社会环境对购买者的期望有重要的影响，它不以自然环境的不同而有所区别。

一方面，由于国内营销者在决策营销组合时往往会下意识地迎合当地的社会文化价值观，所以在国际营销中可能会疏忽这一点；另一方面，必须排除一部分营销管理者自觉或不自觉的文化偏见，这就需要客观、公正地考察社会文化环境。麦当劳的案例中同样有许多使其成功的社会文化因素。

美国文化中有一种很重要的价值观：时间价值观念。快餐正是迎合了消费者能随时随地、方便用餐的需求。另一个文化社会因素便是美国普遍的家庭结构和主要以年轻人为导向的文化趋势。由于孩子常常是外出就餐的决定者，所以麦当劳的广告为顺应这种潮流而主要以儿童和青少年为主要目标。美国典型家庭主妇的社会角色也发生了变化，她们越来越多地出去工作，这种变化也增加了外出就餐的市场。

此外，汉堡在美国饮食文化习俗中的地位不容忽视。事实上，汉堡是美国传统食品的代表，这一事实在麦当劳出现之前就已经存在。可以说，麦当劳产品的成功很大程度上是因为选择了这种已经存在并十分受欢迎的食品，也就是说，美国的社会、文化环境为麦当劳的成功做好了铺垫。

各类社会文化互相结合，形成了社会文化模式。比较分析模型要求在考察别国的社会文化环境前，先理解本国当前社会文化模式的本质，即社会文化模式对营销组合的影响。

3. 经济环境变量

这一类环境因素还包括国民生产总值、人均国民生产值、价格水平、收入分配以及竞争产品的服务和价格等。经济因素对绝大多数消费购买决策产生影响。由于各国收入水平的差异，理性消费者追求效用最大化的含义也不同。即使收入水平相同，不同的物价水平也会改变消费者的购买行为。

在麦当劳的案例中，影响麦当劳成功的经济变量有收入水平和美国居民的可支配收入情况，这些因素使得美国人经常光临麦当劳成为可能。虽然在麦当劳就餐要比在家中自备晚餐贵一些，但麦当劳食品和美国传统饭店的菜肴相比具有比较价格优势。这些因素结合起来，使得去麦当劳就餐成为美国社会的一种经济现象。

4. 法律环境变量

法律法规不会直接刺激对某一类产品、服务的需求，它们只是表示"可以或不可以"。企业必须清楚地了解与营销决策有关的法律，这在国与国之间可能差别很大，所以会直接影响公司的营销决策。法律环境对营销的影响在麦当劳的案例中也可得到证实。麦当劳在儿童电视台的广告促成了它的成功，但在许多其他国家，尤其在欧洲一些国家（如德国），此类广告是完全被禁止的。①

(三) 分析环境变量

比较分析模型对环境变量的分析与传统的方法不同。无论是罗伯特·巴特尔斯（Robert Barrels）还是瓦伦·金根（Warren Keegan），他们都是在特定的国家、市场考察了环境变量后，试图让营销组合去适应环境。而比较分析模型强调其间的共性，它通过对环境变量的分析，找出对产品、服务成功至关重要的环境变量，而这在任何一个国家都是相同的。此类变量可称为"成功因素"。

从传统观念来看，营销者往往把成功因素看成是在自己控制之下的。而比较分析模型把成功因素看成是环境的函数，即是由许多外部不可控因素组成的特定环境的函数。营销者之所以成功，正是充分利用了成功因素的正面效应，即机会。因此，人们只有在发现环境中的机会时才可能成功。这一观点启发当事者尽可能地对环境变量做详细的研究、分析。

比较分析模型提供了一种研究企业现有市场营销组合和环境之间函数关系的方法论。比较分析也提供了一种单独分析关键环境变量的方法，这些变量（成功因素）成为国际市场营销调研的焦点。

比如在麦当劳的案例中，成功因素包括人口、人口密度、家庭结构、母亲的角色、收入水平以及获得儿童广告媒体的可能性。在考察另一个国家的环境时，企业必须着重研究这些成功因素，并适当调整自己的营销组合。

七、国际市场调研中注意的问题

前面提到了当前国际市场调研常用的方法论——比较分析模型，但是它在实际运用中仍要处理好一些均衡性的问题。若调研者忽视这些均衡性

---

① 参见吴俊杰，等. 国际市场调研的新思路——比较分析法及其应用 [J]. 技术经济与管理研究，2003 (4).

问题,那么在调研中进行分析时常会出现各种问题。下面就这些问题概括地进行讨论。

(一) 模型结构的一致性

因为各国在社会、文化、经济、政治方面均有不同程度的差异,所以,由此所构造的调研模型也会由内因的不同而无可比性,这就会影响模型的有效性。因此,模型构造的各相关因素必须可比、一致。一般而言,与模型结构相关的要素如下。

(1) 行为感知。这是指各国消费者对某种消费行为的感知是否可比。举例说明,在美国,给客人递上一杯咖啡完全是出于礼貌,客人可以拒绝;而在沙特阿拉伯,这种递咖啡的行为被赋予某种社会暗示,客人的拒绝可能是一种冒犯。消费行为一般可以从三个方面进行考查:行为内容、行为客体、行为名称。

(2) 定义变量。比较分析模型中的变量在各国有不同的定义,这会造成收集的数据缺乏可比性,而使模型产生偏差。例如,在英国和法国,套餐的主食后一般还附有甜点,而在中国,套餐中并不一定包括甜点。

(3) 时间。市场调研在各国可以同时进行,也可以连续进行或独立进行,而绝对的同步调研是不可能的,这就会给数据造成时间差异。例如,季节、经济周期、通货膨胀等都会给同一变量带来时间差异。

(4) 市场结构。对市场结构的分析特别需要考虑市场结构化程度和市场发展阶段等因素,因为不同的分销渠道、广告覆盖率、替代品和竞争激烈程度都会影响比较分析模型的函数关系。

(二) 测量

测量的结果与模型的构造有十分密切的关系,但不能认为模型的构造均衡可以自动保证数据测量的均衡。测量时可以考查以下问题。

(1) 定性标准。如产品质量、安全性、等级在各国会有不同的标准。调研者要识别国别间的差异,并尽量使用国际标准。

（2）翻译。即使所构造的模型本身较为完善，但当使用同种语言进行分析时，仍会产生翻译问题，从而有损模型的精确性。翻译问题包括语言翻译和非语言翻译问题。这方面可以广泛借鉴社会学调研方法，如双向翻译法。

（三）抽样调查

调研中可广泛使用抽样的方法。在国际市场调研中，抽样会面临两个问题。

（1）分类定义的标准问题。人口抽样根据人口资料进行分类，但分类标准各国相异。例如，"社会地位"，在美国主要根据对象所拥有的财产而分类；而在英国，则主要根据对象所处的家族、党派在社会中的地位而分类。

（2）样本范围和代表性问题。调研者在样本范围和代表性问题之间要做出权衡。例如，在对包含习惯进行调研时，可以选择年龄、收入、教育、职业等一般化标准，以便于分别比较。

从表面上看，比较分析模型与传统的营销环境因素分析十分相似，但由于二者对于环境因素（环境变量）的认识存在本质上的区别，因而同样的资料所得到的结果完全不同。当我们面临国际市场调研实施中的种种问题时，比较分析模型的优越性就显现出来了。

【任务分解】

任务一　海外市场调研

出口行业一般都有既定的产品资源，或自己作为生产企业，具有产品研发和生产优势，或自己作为外贸公司，有既定的供应商资源，总的来说它们都是依托于自有产品去找全球市场。但是寻找市场很艰难，这主要是由于地理位置、文化、商业布局和经商环节等因素不同所造成的市场环境不确定。故首先需要做好市场调研。

一、行业及产品情况

李经理所在的公司是制造公司，由于国内钢材市场不景气，押款严重，故开始寻求国际市场，那么，首先要了解一下钢材行业和产品的基本知识，在网络调研之后，了解到的钢材行业及产品基本情况如下。

（一）行业情况

钢铁工业指生产生铁、钢、钢材、工业纯铁和铁合金的工业，是世界所有工业化国家的基础工业之一。经济学家通常把钢产量或人均钢产量作为衡量各国经济实力的一项重要指标。钢铁工业亦称黑色冶金工业。钢铁工业是重要的基础工业，是发展国民经济与国防建设的物质基础。冶金工业的水平也是衡量一个国家工业化的标志。钢铁工业属于庞大的重工业，它的原料、燃料及辅助材料资源状况，影响着钢铁工业规模、产品质量、经济效益和布局方向。

铁矿石是钢铁工业的主要原料。20世纪70年代后期，全世界铁矿石总储量约为3500亿吨，其中富矿储量约为1500亿吨（以上均不包括中国的储量）。苏联铁矿石储量占世界总储量的近1/3，居世界首位，接着依次是巴西、玻利维亚、加拿大和澳大利亚。这五国铁矿石储量之和占世界总储量的90%左右。苏联在20世纪70年代各年的铁矿石产量为1.95亿～246亿吨，占同期世界年总产量的1/4以上，是最大的铁矿石生产国。澳大利亚、巴西、美国、中国、加拿大的铁矿石产量依次为第2～6位。铁矿石资源丰富是发展钢铁工业的重要条件。全世界平均矿铁比的总体趋势是下降的，20世纪50年代末高于2.00，20世纪60年代末降为1.80左右，20世纪70年代末又降至1.70左右。矿铁比越低，表明进入高炉的废石越少,渣量越少,燃料消耗量越低,炼铁生产的综合经济效益越大。在富铁矿所占比例逐渐减小的情况下,要降低矿铁比,需要在选矿、烧结和球团等方面做大量的工作,并不断提高炼铁生产技术水平。20世纪70年代的主要产铁国中,日本的矿铁比最低,仅为1.42~1.47;联邦德国次之,为1.42~1.59;法国最高,为2.00~2.64。[①]

(二) 产品情况

炼钢炉炼出的钢水被铸成钢坯,经压力加工成钢材(钢铁产品)。钢材种类很多,一般可分为型钢、钢板、钢管、钢丝和特种钢五大类。

(1) 型钢。型钢是一种具有一定截面形状和尺寸的实心长条钢材。按其断面形状不同又分简单断面和复杂断面两种。前者包括圆钢、方钢、扁钢、六角钢和角钢;后者包括钢轨、工字钢、槽钢、窗框钢和异型钢等。直径在6.5~9.0mm的小圆钢称为线材。

(2) 钢板。钢板是一种宽厚比和表面积都很大的扁平钢材。按厚度不同分薄板(厚度<4mm)、中板(厚度4~25mm)和厚板(厚度>25mm)三种。钢带包括在钢板类别内。

(3) 钢管。钢管是一种中空截面的长条钢材。按其截面形状不同可分为圆管、方形管、六角形管和各种异形截面钢管。按加工工艺不同又可分无缝钢管和焊管钢管两大类。

(4) 钢丝。钢丝是线材的再一次冷加工产品。按形状不同分为圆钢丝、扁形钢丝和三角形钢丝等。钢丝除直接使用外,还用于生产钢丝绳、钢纹线和其他制品。

(5) 特种钢。主要以钢为主要材料,加入不同分量的其他有色金属,从而配置出性能不同的钢材。

---

① 参见"行业介绍——钢铁行业",http://www.360doc.com/content/19/0829/08/49599577_857685658.shtml,2019年8月29日。

二、确定目标市场

从全球市场来看,钢材的市场需求和国家发展、经济增长水平等因素息息相关。可以通过对以下五个维度进行分析来确定目标市场。

(一) 全球各国经济分析

从国家的发展阶段角度入手,选择全球处于发展中并且人口和GDP靠前的国家。这些国家往往处于基建阶段,对建筑材料有大量的需求,其中包括钢材。先看看全球经济发展中,发展中国家的国土面积、人口及GDP发展情况,如表1-1所示。

表1-1　　　　　　　　　部分国家经济发展情况

国家	国土面积（平方公里）	人口数	GDP
中国	9590894	13.08亿	10.38万亿美元（2014年）
马来西亚	329847	2994.9万（2013年）	3400.02亿美元（2013年）
巴西	8514877	1.92亿（2011年）	22403.10亿美元（2013年）
埃及	1001449	8194万（2011年）	2627.41亿美元（2013年）
印度	2974700	1.21亿（2013年）	1.877万亿美元（2013年）
菲律宾	299764	9580万（2011年）	2720.17亿美元（2013年）
俄罗斯	17075400	1.431亿（2012年估计）	2.097万亿美元（2013年）
泰国	513120	6672万（2011年）	3872.16亿美元（2013年）
印度尼西亚	1904569	2.55亿（2015年）	8885.38亿美元（2014年）
孟加拉国	147570	1.59亿（2015年）	1738.19亿美元（2014年）

资料来源：IMF, World Economic Outlook Database, 2015.10。

从表1-1的数据来看,巴西总体来说符合选择要求,人口居世界第三,并且经济处于快速发展过程中,地处南美,具有较好的地理位置优势,而其他国家有的是人口多于巴西,或 GDP 高于巴西,或国土面积大于巴西,但是综合比较来看,综合因素均不如巴西,所以从这个维度看,巴西可以作为首选国家来开拓。

(二) 贸易差额分析

先从总体的贸易数据来看巴西市场,从巴西历史的经济发展来看,它严重依赖进出口贸易,并且进出口已经成为国家的支柱发展产业。近几年来,部分行业(如农业和客机方面)有较大优势,但对外贸易在国民经济中的地位依然重要,数据情况如表 1-2 所示。

表 1-2　　　　　　巴西进出口贸易情况数据　　　　　　单位:亿美元

年份	总额	出口	进口	顺差
2010	3835.64	2019.15	1816.49	202.67
2011	4822.83	2560.40	2262.43	297.96
2012	4657.29	2428.50	2231.49	194.31
2013	4818.00	2421.79	2396.21	25.58
2014	4541.61	2251.01	2290.60	-39.59

资料来源:WTO 官网。

从这些历史数据来看,其发展依然依赖进口,贸易逆差比出口商品总额还要大,其总体来说进口比重较大,但是具体哪些品类是主要的需求,还需要继续调查和分析。

(三) 进出口数据分析

按照行业维度来看,对巴西 2016 年的进出口数据进一步进行分析,如表 1-3 所示。通过研究巴西的历史能够看到,巴西曾长期处于葡萄牙的殖民统治下,工业发展基础不好,也消耗不了来自巴西的主要农产品,同时也没有能力生产巴西国内需要的主要商品,葡萄牙只能充当一个贸易中间商,连接巴西和欧洲各国的商品交易。所以巴西在工业发展方面并没有得到葡萄牙的支持,导致工业体系长期处于基础水平。巴西的能源在发展过程中很大程度上制约了巴西各方面的发展,尤其是作为主要能源的石油对外依赖程度达到80%。能源是工业的基础,尽管巴西的矿业储藏量较大,但依然不能有效进行加工。一方面,工业品进口继续增加,由20世纪50年代进口总值的50%提高到了20世纪70年代的60%,其中机械设备的进口占主要地位;另一方面,巴西人每天吃的粮食也大量依靠外部进口。

表1-3　　　　　　　　　不同商品的进出口占比情况

商品	金额(万美元)	占巴西出口总额比例(%)	同比(%)
豆渣	2803	79.35	45.77
铁矿石	485	50.44	-2.37
石油	346	49.31	-21.24
汽车和拖拉机零配件	30	7.57	-8.99
集成电路和微电子组件	38	16.57	38.74
鸡肉	86	16.19	79.8
纤维	144	32.92	7.54

资料来源:WTO官网。

综合以上的分析可以看到,巴西在钢材市场尽管有较好的交付基础,但是由于工业和能源等因素的制约,其钢铁市场还有较大的发展空间,尤其是对于李经理的优质钢材来说,市场前景光明。但如果要快速进入市场,后面还需进一步分析。

(四) 巴西工业地理分布

工业地理分布是研究一个国家工业布局和经济发展的主要指标。合理的工业布局有利于工业的快速发展,也是工业发展的关键评估因素之一。

按照地理位置，可以把巴西分为五个地区，通过分别对各地区的人口比重、各地区在国内工业比重和国民收入比重进行统计，得到表1-4。

表1-4　　　　　　　　巴西地区基本分布情况　　　　　　　　单位：%

地区	2004年			2008年			2010年		
	人口比重	各地区在国内比重	国民收入比重	人口比重	各地区在国内比重	国民收入比重	人口比重	各地区在国内比重	国民收入比重
北部	3.9	2.2	2.0	4.9	4.3	3.1	7.0	5.5	4.4
东北部	30.3	12.1	12.2	29.9	13.8	12.0	28.9	15.9	13.5
东南部	42.7	65.0	64.5	43.4	59.4	62.5	42.6	56.2	58.2
南部	17.7	17.4	17.5	16.0	17.1	17.0	15.1	16.7	17.7
中西部	5.4	3.8	3.8	6.4	5.4	5.5	6.4	5.7	6.2

资料来源：IBGE巴西国家地理与统计局。

从表1-4中能够看到，巴西工业地理布局极其不平衡的状况并没有改变，东南部的米纳斯吉拉斯、圣埃斯皮里图、里约热内卢和圣保罗四个州工业分布占比较大。虽然东北部的人口占全国总人口的30%左右，但其国民收入份额仅为全国的13%左右，占全国人口数43%的东南部地区，在国民收入中所占的份额保持在60%的水平上。

（五）巴西采矿业分析

巴西的主要矿产品是黑色金属产品，生产发展较快，除了满足国内需求外，每年还有大量出口。而有色金属矿和非金属生产发展较为缓慢，不能满足国内需求。特别是20世纪70年代以来，每年都会大量进口。由于黑色金属矿出口量大，矿产品进出口贸易每年有大量盈余。

综上所述，巴西作为钢材的主要市场将是一个比较合适的选择，无论是从全球发展中国家的体量、贸易差额严重依赖进出口程度、进出口数据中对钢材依赖程度看，还是从工业地理位置发展不平衡角度看，巴西都是钢材出口比较有利的市场选择。

三、竞争对手分析

巴西是拉丁美洲最大的钢铁生产国，2016 年钢产量为 2451.1 吨。截至 2016 年，巴西的钢铁产量约占拉丁美洲钢铁总量的 1/2。近几年来，巴西的钢铁工业发展迅速，2014～2016 年，大部分钢材增长为负数，产量也逐年降低，逐渐变为负增长，但钢锭的增长较为明显，如表 1-5 所示。

表 1-5　　巴西钢铁生产量部分年份中不同材质的钢材列表

品种	1 月			2 月		3 月	
	2016 年（吨）	2015 年（吨）	2016 年/2015年（%）	10 月（吨）	11 月（吨）	2015 年（吨）	2014 年（吨）
粗钢	2451.1	2984.7	-17.9	2982.5	2548	2461.7	2622.6
轧制钢材	1631.6	2007.1	-18.7	1883.2	1838.3	1514.1	1729.2
扁材	948.9	1225.9	-22.6	1056.7	1059.2	1073.6	1114.7
长材	682.7	781.2	-12.6	826.5	779.1	440.5	614.5
钢锭	147.5	59.1	149.6	39.3	113.9	132.3	53

资料来源：2014 年巴西钢铁工业年鉴。

巴西钢铁主要是国家经营，国营钢铁公司共有 11 家。1979 年国家资本约占该部门纯资产总额的 70.2%。全国钢铁公司即沃尔塔雷东达钢铁厂，是南美洲最大的钢铁联合企业，1941 年开始建设，1946 年投产。1978 年，该公司拥有资产约 314 亿克鲁塞罗（约合 17.5 亿美元），职工 22400 人，销售额 240 亿克鲁塞罗。该公司是全世界 12 个年产量在 500 万吨以上的大型钢铁公司之一。

外国资本约占钢铁部门纯资产的4%，主要的外资企业是巴西麦纳斯麦钢铁公司，成立于1952年，该公司拥有72%的资本，其余为巴西私人资本。1978年，该公司资产43亿克鲁塞罗，员工12500人，销售额为97亿克鲁塞罗，主要生产无缝钢管和优质钢材。1977年，该公司生产的上述两种产品分别占全国产量的91%和33%。[①]

李经理的优质钢材在巴西市场空间比较大，因为国营钢铁主要生产基础的大批量钢材，只有为数不多的外资企业在当地在这个行业具有很高的市场占有率。但是，从当地的能源成本、有色矿产成本、工业体系和用人成本等综合因素来看，当地企业的成本一定高于中国，接下来分析价格因素。

相关数据表明，不管是普通钢材还是优质钢材，进口价格每吨都比中国的要高3~10倍，因此存在较大的价格空间差异，进入这个市场对于李经理来说是比较好的选择。

四、市场容量分析

李经理在确定巴西市场后，就要论证优质钢在巴西市场的大概需求了。市场需求是进入的关键条件，决定了市场份额和利润空间等。

（一）海关数据分析法

利用专门的海关数据查询网站来进行数据分析，重点查近3年的数据，包括时间、货品名称、价格和厂家等。

有很多专门查海关数据的网站，如磐聚网、中国海关数据网等，不过这些网站都是收费的，如果只是单次查询，可以申请免费试用，或者联系一些专门提供海关数据搜索服务的外贸公司免费试用几个小时。从中国海关搜索到的部分海关数据，如图1-1所示，从该数据可以得知一段时期

---

① 数据来源于2014年巴西钢铁工业年鉴。

内巴西从中国进口优质铸铁管的信息。

进出口	海关编码	商品名称	月度	企业编码	企业名称	收发货地	数量	金额美元	美元计单价	美元计价格单位	出口最终目的国/进口原产国	报关口岸	贸易方式运输方式外商投资企业江海运输		中转国
出口	73030090	其他铸铁管及空心异型材	201204	1405960019	高平市成兵铸管有限公司	山西省晋城	163494	142095	0.87	美元/千克	巴西	天津海关	一般贸易	江海运输	巴西
出口	73030090	其他铸铁管及空心异型材	201205	1304910063	新兴铸管股份有限公司	河北省邯郸	135762	142901	1.02	美元/千克	巴西	天津海关	一般贸易	江海运输	巴西
出口	73030090	其他铸铁管及空心异型材	201205	4301010537	中冶长天国际工程有限责任公司	湖南省长沙	53442	92566	1.74	美元/千克	巴西	上海海关	外商投资企业	江海运输	巴西
出口	73030090	其他铸铁管及空心异型材	201201	1405960019	高平市成兵铸管有限公司	山西省晋城	94346	84709	0.90	美元/千克	巴西	天津海关	一般贸易	江海运输	巴西
出口	73030090	其他铸铁管及空心异型材	201202	2308961001	抚远县弘鑫经贸有限公司	黑龙江省佳木	25550	24784	0.97	美元/千克	巴西	黄埔海关	一般贸易	江海运输	巴西
出口	73030090	其他铸铁管及空心异型材	201202	3801963279	南昌利宝金贸易有限公司	浙江省义乌	2724	16758	4.50	美元/千克	巴西	杭州海关	其他	江海运输	巴西
出口	73030090	其他铸铁管及空心异型材	201201	3501966112	福州海机电有限公司	福建省福州	28	268	9.57	美元/千克	巴西	福州海关	一般贸易	江海运输	巴西
出口	73030090	其他铸铁管及空心异型材	201204	3501966113	福州海鑫机电有限公司	福建省福州	13	172	13.23	美元/千克	巴西	福州海关	一般贸易	江海运输	巴西
出口	73030090	其他铸铁管及空心异型材	201205	3501966115	福州海鑫机电有限公司	福建省福州	4	44	11.00	美元/千克	巴西	福州海关	一般贸易	江海运输	巴西
出口	73030090	其他铸铁管及空心异型材	201203	3117940654	上海保达奥尔德过滤设备有限公司	上海市奉贤	5	10	2.00	美元/千克	巴西	上海海关	一般贸易	航空运输	巴西
出口	73030010	内径≥500mm的球墨铸铁管201205	201205	1304910063	新兴铸管股份有限公司	河北省邯郸	83512	76180	0.91	美元/千克	巴西	天津海关	一般贸易	江海运输	巴西
出口	73030090	其他铸铁管及空心异型材	201206	3201019015	江苏弘业股份有限公司	江苏省南京	19125	20000	1.05	美元/千克	巴西	上海海关	一般贸易	江海运输	巴西

图1－1　巴西海关部分海关数据

（二）搜索引擎分析法

巴西的互联网市场也较为发达，对互联网的使用效率也比较高，采购商往往会通过网络获知国外商家的商业数据，并进一步取得联系。谷歌是全球最有影响力的搜索引擎，搜索结果较具有代表性，我们利用其关键词工具 Google AdWords，可得知全球各国哪些关键词的搜索热度较高，并通过这些数据间接印证李经理的优质钢是否符合当地人的需求。操作方法如下。

（1）登录谷歌网站。

（2）单击“登录”链接，输入自己的账户名和密码。如果没有谷歌邮箱，在单击“登录”链接后会显示“注册”按钮，注册一个账户后再登录即可。

（3）登录后输入“adwords”，单击图1－2所示的Google AdWords链接进入。

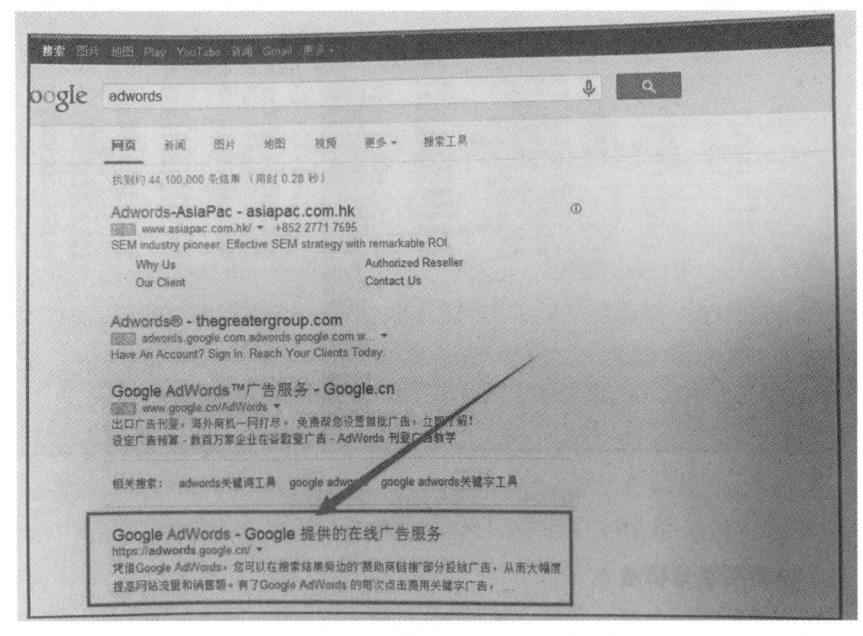

图1-2　谷歌关键词广告链接入口示意图

（4）找到"关键字规划师"，如图1-3所示。

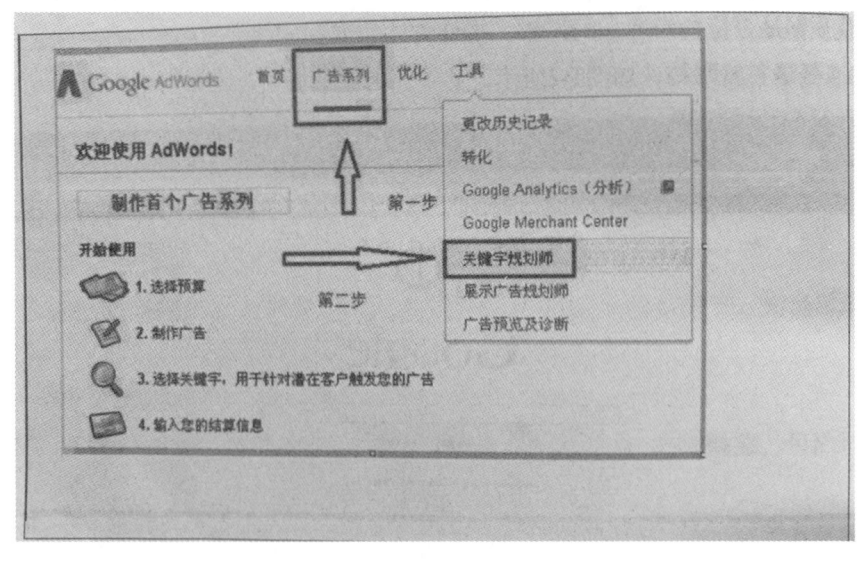

图1-3　关键字规划师示意图

（5）进入关键词的分析页面，输入钢材和优特钢的葡萄牙语和英语两种关键词，并分析关键词的来源和数据，如图1-4所示。

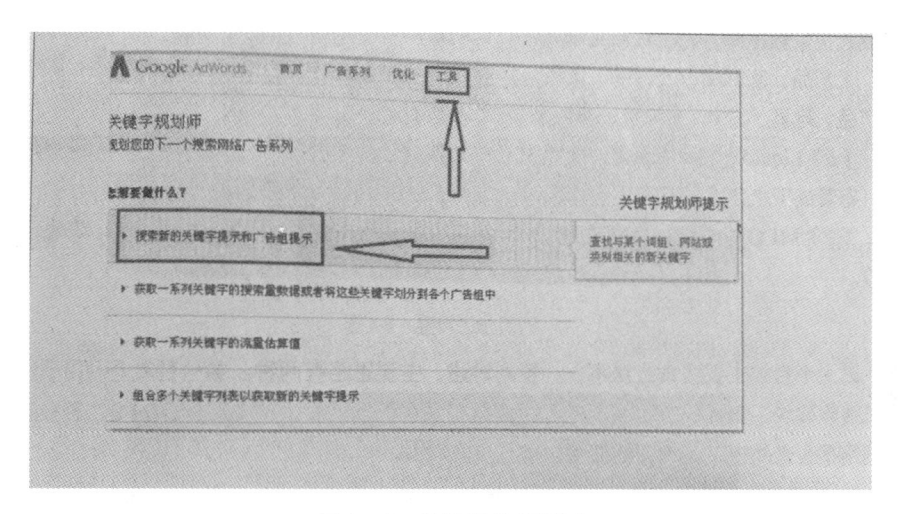

图1-4　关键词分析页面

通过该方法分析得出李经理的优特钢需求尽管不多，但搜索次数相对比较高，特别是巴西市场较多。同时，在分析来源的时候，发现来自B2B市场的搜索次数占比较大，说明后期营销可以将B2B作为其中的一个途径。

（三）互联网分析法

（1）B2B交易平台是用于大宗贸易的网络交易平台。国际常用的B2B平台有阿里巴巴、中国制造、环球资源等。

（2）B2B信息平台提供客户搜索需要的供应商，如ThomasNet。托马斯美国工业品供应商平台包括数控加工、金属冲压、垫片、紧固件和其他工业产品和服务，具有几十年的历史。

（3）TradeKey是全球知名度较高、实用性较强的B2B网站，在全球著名的B2B网络中名列前茅，也是近年来最受外贸行业关注的外贸B2B网站。TradeKey一直致力于全球买家数据的采集和分析，与全球诸多实力雄厚的集团机构结成联盟，专门为中小企业而设，企业可在线建立交易使用工具，如网上展厅、商业机会发布、查询国际专业买家、在线询价等。

（4）EC Plaza 是为企业提供更多贸易机会，B2B 市场的供求信息，公司目录，进口商、出口商、制造商、供应商、采购商的产品目录。它是买家的求购信息平台，更是全球买家检索的平台，是优质、专业的欧共体广场。

（5）EC21 是全球领先的 B2B 网上交易市场之一。自 1996 年进入市场以来，EC21 以其优质的服务已拥有有效供求信息 100 万个，产品信息 320 万个，拥有集全球各地 100 万买家的庞大买家数据库，在全球商贸领域排名位居前两位。产品包括电脑、电子产品、礼品、工艺品、家庭和办公用品、医药、保养和环保商业服务车辆和运输工具食品、饮料农产品、玩具、游戏、运动、金属和矿产化工制品。

（6）Liquidity Services 是一个批发和收尾库存的国外 B2B 网站，美国最大的零售商平台，有着成千上万的买家和卖家，包括服装、电子、计算机、五金等更多领域的产品。

（7）MFG 是模具及纺织等产品制造商和加工平台，涉及加工、制造、铸造、纺织等领域。

以上平台的主要搜索方法在此不一一罗列讲述，主要思路有两种：第一种就是利用平台的商机搜索模块，查找一个时间段的巴西优特钢发布需求，看采购量和时间；第二种方法是利用平台查找相关关键词的搜索热度。

任务二　海外市场定位

一、目标市场定位

市场定位最重要的就是满足需求，但由于身处国内，中国卖家对海外市场和海外消费者需求的了解无法和国内的相提并论。这里继续以李经理调研钢材市场这个案例来分析海外市场如何定位,具体来说就是巴西的钢材市场如何定位。企业在制订营销方案时所面临的最大问题就是把产品卖给"谁",也就是确定目标客户群体的问题。市场之大,消费者何其众也,国内尚且如此,更何况国际市场,企业在确定目标客户群体的时候,首先要针对所有可能的客户进行初步判别和确认。

那么李经理所在的公司生产的钢材在巴西市场上能有哪些目标客户呢?从钢材行业来看,消费钢材的也就是钢材的终端客户。上面我们分析过,钢材的终端客户必须从钢材制成品来分析。下面是从世界钢铁行业报告上总结出的主要用钢行业,同时也结合了巴西本国的实际情况。

(1)建筑行业。建筑行业包括但不限于房地产(见图1-5),还有公共设施场所,如巴西里约体育场(见图1-6)等。

图1-5 建筑工地

资料来源:作者拍摄。

图1-6 里约体育场

资料来源：作者拍摄。

（2）机械行业。比如各种机床，如图1-7所示。

图1-7 机床用钢

资料来源：作者拍摄。

（3）交通运输行业。交通运输行业也需要大量的钢材，如图 1-8 所示，公路、铁路桥梁、车辆、工程机械、船舶、飞机等需要大量钢材。

图 1-8 铁路桥梁用钢

资料来源：作者拍摄。

（4）能源行业。各种大坝电站，如图 1-9 所示。

图 1-9 电厂用钢

资料来源：作者拍摄。

（5）家电及日用品行业。如刀叉、水管、暖气片等，如图1-10所示。

图1-10 日用品用钢

资料来源：作者拍摄。

以上五个行业其实也包括了钢材行业的五个目标客户群体。李经理可以从这五个方面着手来定位巴西钢材市场的目标客户。

接下来寻找能帮助公司获得期望达到的销售收入和利益的群体。通过分析居民可支配收入水平、年龄分布、地域分布、购买类似产品的支出统计，可以将所有的消费者进行初步细分。这点可以从钢材行业的经销商、批发商和贸易商这些中间结构来考虑，这些中间结构最终也是为终端客户群体服务的。最终目标市场选择及产品定位如表1-6所示。

表1-6　　　　　　　　　　海外市场定位

目标客户群体定位	行业终端客户	建筑行业	建筑公司、建筑集团、政府单位、建筑机构承包商
		机械行业	机床厂、炼钢厂、大型机械设备生产厂
		交通运输行业	工程机械公司、飞机制造厂、船舶制造厂
		能源行业	核电站、石油开采厂、风力发电厂、水力发电厂
		家电及日用品行业	日用品不锈钢厂，例如冰箱、洗衣机生产厂，不锈钢门窗生产厂等
	中间商		钢材经销商、批发商、贸易商
产品定位	功效定位		钢材主要用于各种建筑机构
	品质定位		多层次化，重点是中高端品质
	价格定位		满足不同消费者的需求，重点是中高端客户
	需求定位		市场需求是多样化的，主要定位在建筑、机械、能源等行业上

资料来源：作者根据相关资料整理。

二、营销策略制定

营销策略的制定要遵循三个原则,即根据客户的采购习惯,选择不同的销售渠道;投入产出要量化,及时止损;营销团队配置合理。

(一)营销渠道选择

从调研分析过程的渠道数据可以看出,钢材类的大宗商品主要渠道分布如图 1-11 所示。

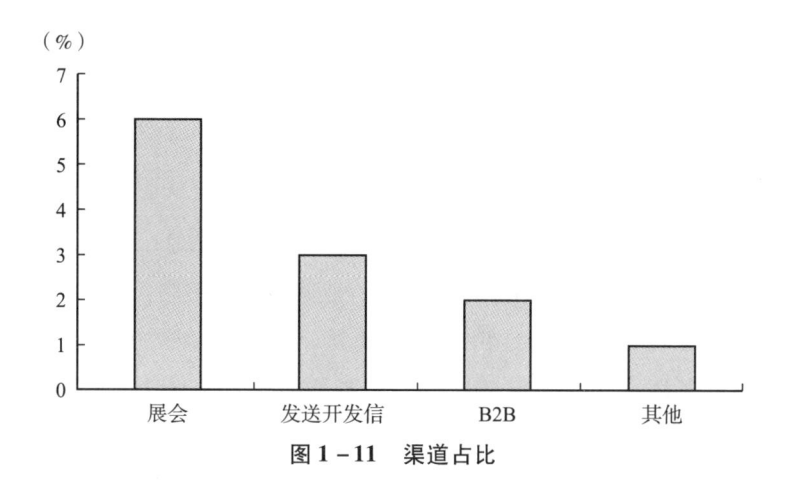

图 1-11 渠道占比

由于大宗商品货值较高,交易过程中需要进一步面对面谈判,所以尽量采用面对面的方式。但是,考虑到初步拓展市场所需的费用有限,所以应以参加展会的方式为主,而不是以拜访为主,因为拜访需要出国,成本较高。

B2B 方式适当作为辅助手段。由于巴西市场的互联网使用率较高,互联网采购方式也是调研过程中逐步形成拟采用的方式之一,考察哪种 B2B 可以重点考虑哪家 B2B 平台在当地设置有分公司或有地面推广环节。

渠道选择中的搭配一定要合理,不要热衷于一种方式,传统的发送开发信也是重要的渠道之一,可以利用批量查找邮箱地址的方式获取大量地址,然后用大量发送开发信的方式在短期内获得一定的咨询量。

还可以利用当地的代理商渠道将产品渗透进去,但需要严格选择代理商,谨慎签订独家代理资源。

(二) 产品和价格策略

李经理已经选好了他们的优特钢,该产品的特点就是需求不是很大,但是利润较高。建议价格在出厂价的基础上,根据不同类型的客户加价30%~80%,对于大客户,可以适当给予优惠,其次是代理商,接着是一次性采购的客户,最后是定制化客户。

(三) 营销团队配置和管理

(1) 第一团队的配置。对于初创团队来说,由于资金压力,在团队配置上,可以配置"1+2"模式,一个经理或主管带领一个有经验的员工和一个没有经验的员工。由于李经理在北京,北京的外贸从业者资源特别是有相似经验的外贸人才需要花费一段时间去寻找,如果是自己寻找,一般需要2~6个月,也可以请第三方专注于外贸行业的区域性招聘公司来帮忙。

(2) 第二团队的管理。由于是新团队,文化以家文化为主,但是需要有适当的考核,比如过程考核数据,考核指标不需要太多,有2~4个就可以,要适当给团队一点压力。

三、设定营销目标

营销目标的设定分为三个阶段。

第一个阶段时,要尽快突破零,这个阶段要快速见效,一般在1~3个月内就要看到第一单。对于第一单,要给予表扬和鼓励。

第二个阶段时,团队可增加1~2个有经验的人,团队要达到一个人均销售额,比如分为20万元、30万元和80万元三个阶段,不同阶段配备的资源不一样。

第三个阶段时，需要将客户分为大客户、一般客户和代理商，该阶段基本有 2~6 个团队了。销售资源一定要及时跟上，客户分配制度、风险管理意识、融资能力等方面都要跟上，否则会影响团队的发展。

本节内容较为抽象，作为学生，一般在工作 3 年内不会涉及该内容，所以属于学习了解阶段。但如果掌握本节内容，那你在职业发展道路上应该能够比一般人要发展得更好，甚至可以提前晋升到老板的角色。

【思考和练习】

一、选择题

1. 以下（　　）不属于市场调研的作用。

A. 是企业经营决策的基础

B. 有利于提供企业的市场竞争能力

C. 有利于企业满足目标顾客的需求

D. 有利于树立企业形象

2. 某一生产工厂的老板经常购买竞争对手公司推出的新产品来了解其产品属性、价格、服务、质量等问题，这属于（　　）性质的调研。

A. 探索性调查　　B. 描述性调查　　C. 因果性调查　　D. 预测性调查

二、判断题

1. 市场调研对企业的发展可有可无，企业的主要精力应该放在生产高质量的产品和开发客户这些方面。（　　）

2. 海外市场定位主要从海外目标客户群体和产品定位这两方面来考虑。（　　）

三、问答题

1. 海外市场调研有必要吗？为什么？

2. 海外市场调研有哪些方法？你最熟悉其中的哪个？说说它的特点。

四、案例题

Lisa 在广东一家美发电器公司做外贸工作，有两年工作经验，外贸经理 Peter 要求 Lisa 在不需要实地考察的情况下做一份美发行业电器出口到英国的调研报告，请和你的伙伴们探讨 Lisa 应如何做这份调研报告。

五、操作题

请在跨境电商多岗位实训平台中完成选产品市场任务训练，具体训练步骤如下。

1. 在浏览器中输入"http：//kk.micpath.cn/"，按回车键进入网站后，输入学员的用户名和密码。

2. 登录后单击"外贸业务员"，如图 1-12 所示。

图 1-12 单击"外贸业务员"

3. 在左边页面的下拉菜单中单击"实训任务"链接，然后单击"选产品市场"，如图 1-13 所示。

图 1-13　实训任务

4. 把页面往下拉，直到出现"海外市场调研任务"，如图 1-14 所示。

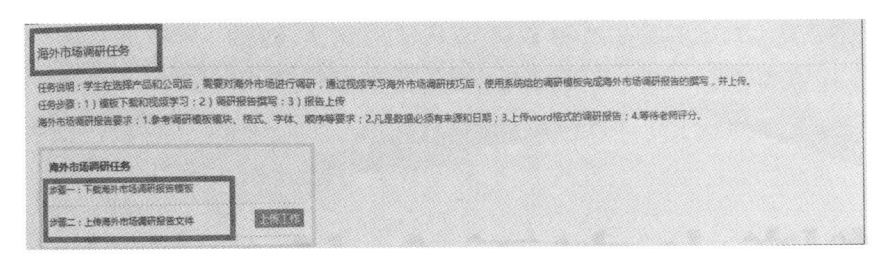

图 1-14　海外市场调研任务

5. 单击"步骤一"和"步骤二"，进行具体操作。

项目二
跨境电商平台的选择与信息发布

【学习目标】

(一) 知识目标

1. 了解跨境电商平台选择的思路和步骤
2. 了解跨境电商平台分析的方法
3. 学习跨境电商平台数据分析的方法
4. 学习跨境电商平台信息发布的内容

(二) 能力目标

1. 熟练掌握跨境电商平台数据分析的方法和平台的选择
2. 了解跨境电商平台信息发布的内容

【项目情景】

某生态茶叶有限公司自成立起,前几年主要集中于内销领域,为国内采购商提供特质茶叶,近几年公司开始涉及国际贸易茶叶外销,外销方式主要采取的是与第三方外贸公司进行合作,主要对俄罗斯、欧洲、非洲进行绿茶、毛茶的销售。

随着对外销流程的日益熟悉,通过国内第三方中间商进行国际贸易的问题也逐渐凸显出来,信息反馈不及时,贸易周期长。由于不同采购商对茶叶的具体要求也会有细微的差别,加上无法直接与国外采购商交流,采购商的意见往往需要通过中间商反馈回来,费时费力,而且由于中间商对茶叶的技艺不了解,有些特殊的技术要求可能没办法准确传达。采购价格波动下降,企业利润低。

为了解决以上问题,该公司的张经理决定在销售部下设立外贸组,准备大力筹划通过电子商务进行国际贸易,张经理在做好前期的海外市场调研和市场定位之后,需要对不同的跨境电商平台进行数据分析和对比,选择适合自己企业特点的平台,进而完成在平台上公司信息和产品信息的发布。

【相关知识】

一、跨境电商宏观环境

近几年,随着传统外贸销量下降,跨境电子商务逐渐火爆,尤其是其所处的宏观环境也变得日渐利好,许多跨境电商平台也都迎来了增长时代。但是在好的环境下,跨境电商在野蛮生长的同时,也暴露出了许多问题,具体的优劣势如下。

(一)政策红利窗口期

2016年初,海关总署推出"9610"跨境电商监管模式,随着海关56号文明确"9610"跨境电商出口方式以来,跨境电商正式成为海关认可的贸易方式。依据《关于开展跨境电子商务企业对企业出口监管试点的公告》,"跨境电商B2B出口"是指境内企业通过跨境物流将货物运送至境外企业或海外仓,并通过跨境电商平台完成交易的贸易形式,B2B出口分为两种形态:一种是跨境电子商务企业对企业直接出口,简称"跨境电商B2B直接出口",海关监管方式代码为"9710",适用于跨境电商B2B直接出口的货物；另外一种是跨境电子商务出口海外仓，简称"跨境电商出口海外仓"，海关监管方式代码为"9810"，适用于跨境电商出口海外仓的货物。跨境电商 B2B 出口业务，即 9710&9810，可以分为四种申报模式，分别是 9710 清单申报模式、9810 清单申报模式、9710 报关单申报模式、9810 报关单申报模式。跨境电商 B2B 出口货物优先安排查验，优先办理转关手续，大幅提升出口企业通关时效。通过 H2018 系统通关的跨境电商 B2B 出口货物适用全国通关一体化。B2B 将是全球贸易的主流，因为企业之间的商业行为组织规范，专业化程度高，订单交易量大，这都是 C 端交易所无法代替的。

（二）用户需求潜力巨大

1. 用户规模交易量迅速增长

2020 年受新冠肺炎疫情影响，线下消费受到抑制，为线上消费带来了全球性的机遇。与此同时，国家政策支持促进了跨境电商的快速发展。加之各地采取综合举措发展新业态有利于加速打造跨境电商发展的生态，进一步发挥跨境电商的优势，为稳定外贸发挥更大作用。在此背景下，2020 年 5 月 18 日，网经社电子商务研究中心发布《2020 年度中国跨境电商市场数据报告》。该报告根据网经社"电数宝"电商大数据库编写而成。报告显示，2020 年中国跨境电商市场规模达 12.5 万亿元，同比增长 19.04%，预计 2021 年市场规模将达 14.6 万亿元。

2020 年中国出口跨境电商市场规模为 9.7 万亿元，较 2019 年的 8.03 万亿元同比增长 20.79%。2020 年受疫情影响，随着全球线上购物模式的兴起以及国家对跨境电商利好政策的先后出台，加之消费者对产品品质、功能的要求不断提升，出口跨境电商发展迅速。受政策及发展环境利好驱动，在整体出口量稳定的情况下，出口跨境电商正在逐步取代一般贸易，成长性良好[①]。

---

① 参见"2020 年度中国跨境电商市场数据报告"，网经社网络经济服务平台，https://www.100ec.cn/zt/2020kjdsbg/。

2020年中国进口跨境电商市场规模为2.8万亿元，较2019年的2.47万亿元同比增长13.36%（含B2B、B2C、C2C和O2O等模式）。2020年中国进口跨境电商用户规模为1.4亿人，较2019年的1.25亿人同比增长11.99%。

2. 消费需求和消费观念升级

iiMedia Research（艾媒咨询）数据显示，在2020年第一季度，相比于其他商品，用户更倾向于通过跨境电商平台购买食品饮料、洗护用品以及营养保健品，如图2-1所示。艾媒咨询分析师认为，2020年第一季度正处中国春节时期以及受疫情影响，用户对于居家食品饮料及洗护防疫用品需求量较大。

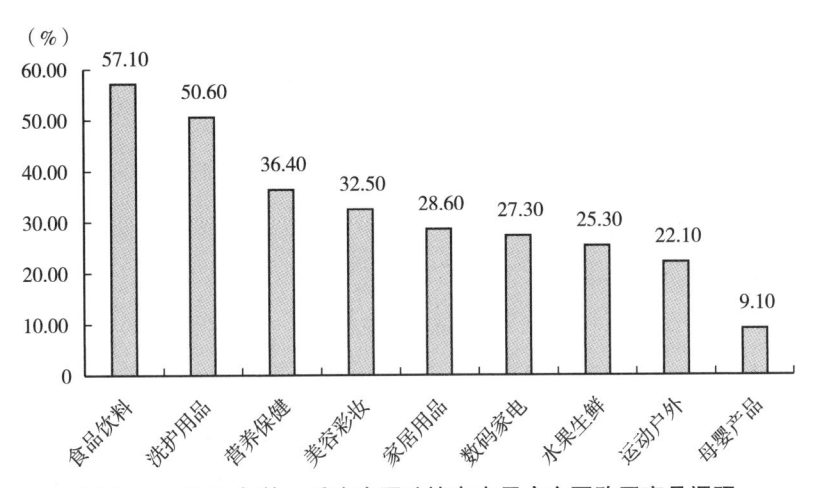

图2-1 2020年第一季度中国跨境电商用户主要购买商品调研

3. 超九成用户的购买意愿会因为平台的公益行为而提高

iiMedia Research（艾媒咨询）数据显示，疫情期间，跨境电商平台的社会公益行为对92.2%的用户有正面影响，会提高用户在该平台的购买倾向，见图2-2。艾媒咨询分析师认为，平台的公益行为在很大程度上会影响用户对于平台的看法以及偏好，积极承担社会责任、践行公益事业亦可增加用户黏度，提高企业效益。

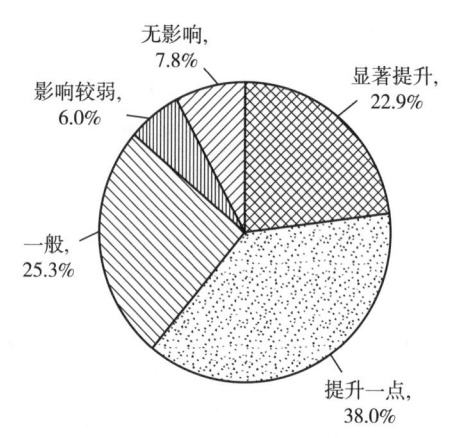

图中数据：
- 无影响，7.8%
- 显著提升，22.9%
- 影响较弱，6.0%
- 一般，25.3%
- 提升一点，38.0%

图 2-2　2020 年第一季度中国跨境电商用户在平台公益行为影响下的购买意愿调研

（三）行业有待完善

（1）政策探索，税收不会长期高度倾斜跨境保税，因为需要考虑与传统一般贸易利益的平衡问题，政府也都在摸着石头过河，一边试点一边探索。对检疫标准、保税类目的控制，各部门政府在政策落实过程中还在探索调整。物流及选品布局复杂，政策环境涉及商检、税务、外汇、海关，各环节变动皆有影响。

（2）物流清关报税体系不成熟，传统跨境物流难以满足客户的售后体验，转运物流价格高、时效慢。保税清关需要国家政策支持，目前的整进散出模式使得海关人员配置不足，无法满足快速增长的清关需求，导致物流时效体验差。因此，目前海淘商品的售后服务和退换货大部分情况下无法得到保障，但好在现阶段海淘用户的耐心都很好。新入玩家如笨鸟海淘，选择了物流清关这个环节作为切入点，主打针对海淘购物的用户体验，提供高质量的第三方转运服务。

（3）供应链不稳定爆品仍占跨境海淘的很大比例，但海外爆品品牌商供货渠道不稳定，与国内平台直接签约合作的可能性小，平台为保证爆品供货通常采用复合渠道，价格难以控制，毛利趋近于 0。但即便如此，部分电商平台仍旧时常断货无货。而且，其供应链长，环节复杂，各地区文化和商业环境有差异，打通各环节难度大。

（四）资本驱动，各路玩家既竞争又共生

从 2014 年 10 月起，各路玩家纷纷入局进口电商，部分电商如京东、网易等，都将海外购板块提升至重要战略地位；创业公司纷纷加紧融资步伐屯粮备战，跑在一线的几家如蜜芽、洋码头，后起之秀如小红书都已相继走到 C 轮千万美元级别融资阶段；海外电商如亚马逊逐步试水国内市场，上线海外购板块，利用国际化优势试图也来分一杯羹；物流供应链服务商纷纷发挥自身行业优势，不断畅通流程，优化供应链，为行业发展保驾护航。在资本支持下，各路玩家棋逢对手，面对新兴市场都要从头摸索，一同培育推动市场向万亿级别进军。

二、常见的跨境电商 B2B 平台

目前跨境电商最主流的是 B2B 和 B2C 平台，为了更好地帮助中小企业开展跨境电商业务，特选取以下几个有代表性的电商企业，供大家参考。

（一）海集供应链

海集供应链为海淘行业里的销售从业者，提供一整套供应链服务。客户只需负责前端销售，而整个后端的供应链将全部被海集承包，既包括采购、从国外到国内的整个物流，又包括仓储的打包分拣服务及一系列退换货服务、海关监管、保税仓一件代发、无痕发货。海集供应链产品线分为五大类：进口奶粉、进口辅食用品、进口保健品、彩妆护肤、母婴类热销国外品牌。

（二）敦煌网

成立于 2004 年的敦煌网，12 年间专注跨境电商领域，是全球领先的在线外贸交易平台。多年的专业与口碑使得敦煌网目前有 120 多万国内供

应商、3000多万种商品,遍布全球224个国家和地区,以及1000万买家在线购买的规模。每小时有10万买家实时在线采购,每3秒产生一张订单。敦煌网是国内首个为中小企业提供B2B跨境网上交易的网站。它采取佣金制,免注册费,只在买卖双方交易成功后收取费用。据Paypal交易平台数据显示,敦煌网是在线外贸交易额中亚太排名第一、全球排名第六的电子商务网站,其在2011年的交易达到100亿规模。[①]

作为中小额B2B海外电子商务的创新者,敦煌网采用EDM(电子邮件营销)的营销模式,低成本、高效率地拓展海外市场。自建的DH gate平台,为海外用户提供了高质量的商品信息,用户可以自由订阅英文EDM商品信息,第一时间了解市场最新供应情况。2013年,敦煌网新推出的外贸开放平台实质上是一个外贸服务开放平台,而敦煌网此举应该是在试探外贸B2B中"大额"交易。通过开放的服务拉拢中大型制造企业,最终引导它们在线上交易。

(三) 阿里巴巴国际站

阿里巴巴国际站是阿里巴巴集团最早创立的业务,是目前全球领先的跨境B2B电子商务平台,服务全世界数千万的采购商和供应商。阿里巴巴国际站专注服务于全球中小微企业,在这个平台上,买卖双方可以在线更高效地找到适合的彼此,并更快更安心地达成交易,此外,阿里巴巴外贸综合服务平台提供的一站式通关、退税、物流等服务,让外贸企业在出口流通环节也变得更加便利和顺畅。阿里巴巴国际站提供一站式的店铺装修、产品展示、营销推广、生意洽谈及店铺管理等全系列线上服务和工具,帮助企业降低成本、高效率地开拓外贸大市场。

(四) 海外帮

海外帮是一家集海外采购、品牌引进、仓储保税、国际货运以及运营

---

① 参见吴子骏:《海关监管改革背景下敦煌网跨境电商发展研究》,南昌大学博士论文,2019年。

平台于一体的高新技术贸易型企业，公司致力于为全球商家及消费者提供专业、完整、高效的跨境贸易综合服务。公司深耕欧洲市场，投巨资建成了海外仓储网络，包括德国、荷兰等，组建了欧洲专业采购团队，国内则建立了完善的保税仓网络，拥有广州、杭州、郑州、重庆及多个合作保税仓，大批量+大仓储+大物流，大幅提高了效率，具备全行业更大的采购、物流优势。公司不仅为国内大中型在线 B2C 电商平台提供海外品牌采购、海外仓储、国际货运等供应链购销服务，同时在线平台海外帮（www.hwbang.hk）面向国内中小型海淘商家提供保税代发、快件直邮等服务，到 2016 年年底，拥有长期活跃商家 6000 余家。

（五）鑫网易商

2014 年 12 月 5 日，中国和欧盟之间首个跨境 B2B 电子商务平台"鑫网易商"上线，旨在为国外中小品牌日常消费品进口及国内特色商品出口提供交易撮合服务，为供应商、经销商以及零售商三大交易集群提供一站式交易服务的闭合价值链。

"鑫网易商"平台通过创新的 B2B 商业模式、领先的精准网络营销和大数据分析技术以及世界一流的供应链体系，为我国近百万家零售商户提供商品订购、在线支付、金融信贷、财产保险等电子商务和相关配套服务。鑫网易商进口的商品主要为国外高品质特色商品，精选来自八大欧美国家原产地的数万余种商品。出口的商品则包括集装箱房屋等中国特色的基础设施建设商品。

（六）海豚供应链

海豚供应链成立于 2014 年，是一家主营海淘类产品的供应链贸易公司，致力于为中小海淘企业提供正品海淘货源，解决中小海淘企业的产品采购和代理发货问题。据海豚供应链官网介绍，海豚供应链投资 1.7 亿元建成了五大海外仓库、两大香港仓库、六大保税区仓库和干线运输网络，自建欧、美、澳、日四大采购中心，仓库储备总额达 6 亿元，SKU 超过 5000 种。

（七）海欢网

海欢网成立于2012年，聚焦于跨境电商领域的供应链整合服务，为海淘卖家提供海外直采、品质控制、仓储管理、国际和国内物流、报关检疫、包装代发、售后服务等全方位的支持。旗下产品包括"海淘无忧App""海欢网""海欢卖家版App""海欢App"。据其官网介绍，目前海欢网已与十多个发达国家的众多品牌原厂和一级代理商建立直接合作关系，为数万活跃卖家提供供应链服务。

（八）笨土豆电商

笨土豆电商成立于2015年7月，是一家主打进口食品的进口商品B2B采购及供应链服务平台，打通从国外到国内终端的物流、仓储、清关、配送等所有环节。笨土豆电商主要经营的品类涉及食品、母婴用品、洗护、保健品、美妆等，代理品牌超过60余个。

（九）ICS 国际货物电商平台

ICS成立于2015年5月，是一家国际航空物流的B2B撮合交易平台，平台收录了全国航空港口的运力资源和国际物流服务商，以B2B电子商城的模式把控交易和服务的全部环节，致力于打造一个集运价营销、市场推广、物流保险、融资垫付等职能为一身的国际贸易和航空物流综合社区。

（十）启明星

启明星成立于2014年11月，为国内经营进口产品的电商平台及商家提供海外仓收货、进口运输（空运、海运）、保税区仓储、关务数据交换、电子清关、境内派送的全流程服务。在正品保障方面，启明星平台每个商品都有一个对应的唯一二维码，每个商品都包含商品名称、原产国（地）、进口商/代理商、生产日期、进口口岸、报关日期、报关单号这些产品详细信息。消费者收到商品后，扫描包装上面的二维码可以进行防伪溯源查询。

（十一）跨境集市

跨境集市是国内首家跨境进口货源 B2B 撮合交易的互联网平台。公司秉承"合作共赢、开放创新、真诚服务、让客户先赚钱"的理念，不断提升服务水平和运营能力，在竞争中求发展，在挑战中谋机遇，致力于为客户提供最优质的撮合服务。跨境集市旨在解决跨境供应链信息不对称、不透明的痛点，帮助跨境商家对接货源供需，主动撮合交易，并整合资源，提供各种增值服务，以提升效率、降低跨境电商门槛和成本。

（十二）海带

简单地说，海带的模式就是汇集全球的热销商品，让客户以最低的价格买到全球正品。海带是依托于移动互联网、微信大数据的垂直电商平台，海带的模式从最开始就很清晰，B2B2C，海带整合供应链，为中小卖家服务，让中小卖家没有后顾之忧，只需要专注对客户做好服务，产生销售订单。海带和卖家各有分工，各自扮演好自己的角色。海带支持卖家，卖家信任海带，买家信任卖家，这样就会产生销售。海带现在的发货渠道主要分为三种，分别是保税仓发货、海外直邮、国内现货。

三、常见的国内和国外跨境电商品牌

目前，我国主要有六大跨境电商，即亚马逊、天猫国际、洋码头、网易旗下考拉海购、蜜芽、香江商城旗下香江海购。

国外跨境电商平台主要有以下几家：

1. 美国

（1）Liquidity Services 是一个批发和收尾库存的国外 B2B 网站，美国最大的零售商平台，有着成千上万的买家和卖家，其产品领域包括服装、电子、计算机、五金等。

（2）MFG Invest 是全球最大的制造业在线采购市场，可实现企业间的智能连接，涉及加工、制造、铸造、纺织等。

（3）Thomas Net 是北美最全面的工业产品和服务供应商信息资源网。

2. 英国

Kelly search 是欧美最大的 B2B 平台，收录了全球 200 多万家公司的信息和 1000 多万的产品信息，是全球采购商最青睐的采购工具网站。[1]

3. 沙特阿拉伯

TradeKey 是全球知名度和实用性比较强的 B2B 网站，是近年来最受外贸行业关注的外贸 B2B 网站。TradeKey 网站专门为中小企业而设，以出口为导向，已成为全球 B2B 网站领导者和最受外贸企业欢迎的外贸 B2B 网站之一。

4. 法国

Cdiscount 是法国最大的电子商务零售网站，产品种类丰富，加上分类独特、创新，便于消费者搜索，因此吸引了大批忠实的法国用户。他们喜欢在该网站购买电器和电子产品，例如手机、电脑、电视等，优惠的价格是它最大的一个吸引点。

5. 东南亚

Shopee 成立于 2015 年 6 月，是主打东南亚和中国台湾地区市场的移动社交电商平台。据了解，其目前已成为中国台湾地区排名第一的移动购物 App。[2]

6. 非洲

Kilimall 成立于 2014 年，是一个在非洲本土成长起来的电子商务交易平台。目前已成为非洲消费者信赖和喜爱的购物平台，在非洲民众中颇具

---

[1] 参见"国外十大 B2B 网站"，北美购房网，http：//www.beimeigoufang.com/newsd/news-detail_23351.html。

[2] 参见"东南亚电商平台排名报告出炉，谁最火热？"商都网，http：//view.shangdu.com/zonghe/2021/0715/072021_93493.html。

影响力。

7. 拉美

Mercadolibre 是拉美地区最大的电商平台，目前其电商业务范围已覆盖巴西、阿根廷、墨西哥、智利和哥伦比亚等 13 个拉丁美洲国家，品类已涵盖电子、手机及配件、潮流服饰、家居生活、美容健康以及玩具等，平台卖家月成交总额达 800 万美元。[①]

四、跨境贸易电子商务服务平台

跨境贸易电子商务服务平台是河南省进口物资公共保税中心搭建的一个跨境贸易电子商务综合服务平台。

该项目方案的基本思路：依托郑州市作为国家电子商务示范城市的基础条件，以河南保税物流中心的特殊功能为前提，结合河南中部内陆区域的物流特性、企业的强烈需求，参考国家的相关政策，研究利用保税中心的平台功能，找出可行办法，搭建一个跨境贸易电子商务综合服务平台，解决国家目前快件邮件跨境电子商务中出现的通关、结汇、退税、产品安全及征信等系列问题。为行文方便，我们把这种基于保税物流的快件邮件跨境电子商务称为"E 贸易"电商服务平台，它是为政府解决 E 贸易中存在的问题提供决策依据、为建立和完善河南电子口岸信息化的基础体系创造条件的一个服务终端平台。其最终目的是通过 E 贸易平台的建设，探索研究适应于 E 贸易正常发展的相关政策和措施，实现政府部门监管有据、效率提高及 E 贸易企业运营成本降低、渠道畅通、经营规范的目的。它的产生主要有以下原因：

（一）行业、企业发展的需要

电子商务的全球性飞速发展、企业为顺应跨境贸易电子商务经营环

---

① 参见"拉美电商平台有哪些"，雨果跨境，https://www.cifnews.com/article/63758。

境，迫切需要新政策支持。作为全球电子商务发展的主要业态，网络购物已位居全球成长性最佳的热点行业之一。据统计，2021年全球网络购物交易额超过4.2万亿美元。[①] 随着世界各国电子商务应用水平及其配套支撑体系的逐步完善和提高，特别是云计算及物联网信息技术支撑体系的完善，传统的购物和贸易模式发生彻底转变，特别是2008年经济危机之后这种转折和变化更加凸显，是人类历史上继第一、第二次工业革命后，涉及流通领域的一次革命。以市场为导向的条件下，反应最灵敏的是企业，然后是服务于企业的综合第三、四方企业服务体系。从各种迹象上看，E贸易已经成为当下人们消费的主要渠道之一，也必然是发展的趋势。2012年2月23日，河南省邮政速递物流有限公司（以下简称"河南邮政速递"）得到邮政总局的支持，向郑州海关提交了《关于河南邮政速递物流有限公司开展保税物流业务的请示》，申请利用保税中心平台，开展邮政保税物流增值业务。邮政速递公司的申请一方面反映了物流企业对电子商务国际物流细分市场发展前景的良好预期，也集中反映了从事E贸易的企业对新的物流、通关、外汇结算以及退税等模式的迫切需求。打造规范、高效、便利的综合性服务平台，充分发挥电子商务在拓展国际国内两个市场中的作用，是河南及周边地区的外向型企业、国内外贸易型及物流企业抓住机遇、谋求发展的迫切需求。

（二）经济社会发展规范管理和民生改善的要求

在电子商务对外贸易飞速发展的情况下，国家缺乏相应的管理体系和政策，各部门的监管措施比较完善，但对于企业来讲，还是没有实现一站式服务，还面临着高成本低效率的情况，造成通关难、结算难、退税难的问题。规范E贸易的运作模式和监管流程，建立一个为网商、用户、监管部门提供高效、便捷、安全、严密的服务和管理平台势在必行。

---

① 参见"消费趋势：2021年全球网购总额预计达4.2万亿美元"，https：//baijiahao.baidu.com/s? id=1698204762170638246&wfr=spider&for=pc。

(三) 河南的区位优势、物流服务优势

河南自古就有"九省通衢"之称，有亚洲最大的铁路编组站，省内的高速公路里程超过 5000 千米，居全国首位。2011 年 5 月经海关总署审批，在郑州市设立了国际邮件互换局，具有国际邮件进出口口岸功能。因此，以郑州为中心针对跨境的邮件和快件在集散分拨方面具备了良好的国内外物流网络，为 E 贸易平台的试点提供了强有力的外部支撑条件，是试点工作顺利开展的另一关键保障。

目前，该公司的主营业务是经营保税货物仓储、配送、信息配载、物流服务、货物包装、货运代理、货物中转、仓储服务、自营和代理各类商品的进出口业务（不含分销业务），金属材料、汽车配件、电子、普通机械、建筑和装饰材料、化工产品（不含易燃易爆危险品）、文化办公机械、包装材料、农用机械、二手设备、预包装食品、酒类的销售（涉及审批和许可，凭有效批准文件、许可证经营）。

【任务分解】

任务三　跨境电商平台的选择

随着传统外贸渠道出现疲态，跨境电子商务的发展现在异常火爆，已经基本成为主流外贸出口模式，并且很有可能成为推动中国外贸经济发展的一个重要的突破口。在企业准备开展国际贸易之后，需要进行海外市场调研和市场定位，之后要选择一个适合自己的跨境电商平台。但是，不同的平台所针对的区域是不同的，它们也有各自的优缺点。那么，如何去进行电商平台的选择呢？需要依据当前的平台，进行分析对比，并依据一定的平台数据进行分析，最后做出选择。

一、平台分析和特点分析

跨境电子商务指企业或个人通过电子商务平台跨越国界进行跨境交易、跨境结算,并通过跨境物流达成交易的一种国际商业活动。它的出现使国与国之间能够突破距离障碍,让国际贸易走向无国界,同时它也正在引起世界经济贸易的巨大变化。因此,对许多传统外贸企业来说,它的出现为其贸易构建了一个更加开放、多维、立体的多边经贸合作模式,拓宽了其进入国际市场的路径,大大促进了企业与企业间的互利共赢;另外,对于终端的消费者来说,他们可以通过跨境电商平台很方便快捷地买到其他国家物美价廉的商品。

但是,随着跨境电商的快速发展,企业如果想更好地利用跨境电商平台,需要清醒地认识到各种跨境电商平台的特点以及各自的优势和劣势,这样才能更好地促进企业进出口贸易的发展。

(一)平台模式对比

跨境电商平台是基于互联网进行跨境电子商务活动的虚拟网络空间和保障国际商业活动顺利进行的管理环境,是对信息流、物质流、资金流进行整合的一个场所。目前,我国跨境外贸 B2B、B2C 电商平台模式有第三方跨境电商平台、自建跨境电商平台和外贸电商代运营服务商三种模式。

1. 第三方跨境电商平台模式

该平台模式提供统一的销售平台,平台一方是作为卖家的国内外贸企业,另一方是作为海外买家的消费者。阿里速卖通、敦煌网、易唐网、贝通网、联畅网等都属于这类外贸零售交易平台,同时它们也属于外贸中小企业第三方平台。作为第三方平台提供方,它们为外贸企业自主交易提供信息流、资金流和物流服务的中间平台,不参与物流、支付等中间交易环节,其盈利方式是在交易价格的基础上增加一定比例的佣金作为收益。

2. 自建跨境电商平台模式

该种平台模式是平台直接从外贸企业采购商品，买断货源，然后通过自建的 B2C 平台，将产品销往海外，其盈利模式是利润，电商平台企业本身是独立的销售商。该模式的代表有兰亭集势、米兰网、帝科思、兴隆兴、大龙网等。这类企业自己联系国内外贸企业作为供货商。

3. 外贸电商代运营服务商模式

该种平台模式是服务提供商不直接或间接参与任何电子商务的买卖过程，而是为从事跨境外贸电商的中小企业提供不同的服务模块，如"市场研究模块""营销商务平台建设模块""海外营销解决方案模块"等。这些企业以电子商务服务商的身份帮助外贸企业建设独立的电子商务网站平台，并能提供全方位的电子商务解决方案，使其直接把商品销售给国外零售商或消费者。典型的代表企业如四海商舟、锐意企创等。从中国出口跨境电商行业的主要模式来看，可以在查阅资料总结之后得到表 2-1。

表 2-1　　　　　　　　中国出口跨境电商行业主要商业模式

商业模式	平台分类	模式关键词	典型企业
B2B 模式	信息服务平台	交易撮合服务、会员服务、增值服务、竞价排名、点击付费、展位推广	阿里巴巴国际站、生意宝国际站、环球资源、焦点科技
B2B 模式	交易服务平台	佣金制、展示费用、按效果付费、交易数据、线上支付、佣金比例	敦煌网、大龙网、易唐网
B2C 模式	开放平台	开放平台、生态系统、数据共享、平台对接、仓储物流、营销推广	亚马逊、全球速卖通、eBay、Wish
B2C 模式	自营平台	统一采购、在线交易、品牌化、物流配送、全流程、售后保障	兰亭集势、环球易购、米兰网、DX

一方面，在 B2B 模式下有信息服务平台、交易服务平台两类。

信息服务平台主要是通过第三方跨境电商平台进行信息发布或信息搜

索完成交易撮合的服务，其主要盈利模式包括会员服务和增值服务。

会员服务：卖方每年缴纳一定的会员费用后享受平台提供的各种服务，会员费是平台的主要收入来源，目前该种盈利模式市场趋向饱和。

增值服务：买卖双方免费成为平台会员后，平台为买卖双方提供增值服务，主要包括竞价排名、点击付费及展位推广服务，竞价排名是信息服务平台进行增值服务最为成熟的盈利模式。

交易服务平台是能够实现买卖供需双方之间的网上交易和在线电子支付的一种商业模式，其主要盈利模式包括收取佣金及展示费用。

佣金制：在成交以后按比例收取一定的佣金，根据不同行业不同量度，通过真实交易数据可以帮助买家准确地了解卖家状况。

展示费：上传产品时收取的费用，在不区分展位大小的同时，只要展示产品信息便收取费用，直接线上支付。

另一方面，在B2C模式下我们能够看到主要有开放平台、自营平台两类。开放平台开放的内容涉及出口电商的各个环节，除了开放买家和卖家的数据外，还包括开放商品、店铺、交易、物流、评价、仓储、营销推广等各环节和流程的业务，实现应用和平台系统化对接，并围绕平台建立自身开发者生态系统。开放平台更多地作为管理运营平台商而存在，通过整合平台服务资源同时共享数据，为买卖双方服务。自营平台对其经营的产品进行统一生产或采购、产品展示、在线交易，并通过物流配送将产品投放到最终消费者群体。自营平台通过量身定做符合自我品牌诉求和消费者需要的采购标准，来引入、管理和销售各类品牌的商品，以可靠品牌为支撑点凸显出自身品牌的可靠性。自营平台在商品的引入、分类、展示、交易、物流配送、售后保障等整个交易流程各个重点环节管理均发力布局，通过互联网IT系统管理、建设大型仓储物流体系实现对全交易流程的实时管理。

（二）几大跨境电商平台特点分析

不同的跨境电商平台有着不同的特点，下面介绍几个影响力较大的跨境电商平台的特点。

1. 阿里巴巴国际站

阿里巴巴国际站是阿里巴巴面向全球的 B2B 网站，是目前全球最大的 B2B 贸易市场，是中小企业的网上贸易市场、平台，目前已有海量企业会员，是我国外向型企业目前采用最多的电子商务平台之一，曾连续七年被美国《福布斯》杂志评为全球最佳 B2B 网站。

阿里巴巴国际站可以帮助中小企业拓展国际贸易，它基于全球领先的电子商务网站阿里巴巴国际站贸易平台。这个平台通过向海外买家推广供应商的企业和产品，进而获得贸易商机和订单，是出口企业拓展国际贸易的首选网络平台。阿里巴巴国际站上主要是国外客户，它的特点是为付费会员提供细致、周到、安全的第三方认证服务，最大限度地降低网络贸易的风险。

2. 全球速卖通

全球速卖通，简称速卖通，速卖通是阿里巴巴旗下面向全球市场打造的在线交易平台，被广大卖家称为国际版"淘宝"。阿里巴巴旗下的全球速卖通业务有 B2B 和 B2C 两种模式，但主要是 B2C 模式，是中国供货商面向国外消费者交易的一种小额跨境电子商务交易平台。

全球速卖通业务具有进入门槛低的特点，能满足众多小企业迅速做出口业务的愿望。阿里巴巴的速卖通平台对卖家没有企业组织形式与资金的限制，方便进入。交易流程简单，买卖双方的订单生成、发货、收货、支付等，全在线上完成。双方的操作模式，如同国内的淘宝操作，非常简便。商品品种多，价格低廉。速卖通平台上的商品具有较强的价格竞争优势，跟传统国际贸易业务相比，具有无比强大的市场竞争优势。

3. 亚马逊

Amazon，简称亚马逊，是美国最大的网络电子商务公司，总部位于华盛顿州的西雅图，是最早开始经营电子商务的公司之一。亚马逊成立于 1995 年，一开始只经营网上书籍销售业务，现在则扩及了范围相当广的其他产品，已成为全球商品品种最多的网上零售商。亚马逊的特点是对卖家要求高，产品和品质都有保证，支持货到付款的方式。如果没有品牌，最好不要去做 Amazon。亚马逊不卖仿品，一台电脑只登录同一个账号，和买家沟通耐心、快速，基本不会有太大的安全问题。

4. eBay

eBay 是一个可让全球民众上网买卖物品的线上拍卖及购物网站。它对卖家的要求更严格，对产品质量要求较高，价格有优势，能做到真正的物美价廉。eBay 的特点是卖家通过两种方式在该网站上销售商品，一种是拍卖，一种是一口价。其中拍卖模式是这个平台最大的特色。一般卖家通过设定商品的起拍价以及在线时间开始拍卖，然后看下线时谁的竞拍金额最高，最高者获胜。eBay 的另外一个特点是二手货交易占较大比重。

5. Wish

Wish 于 2013 年成立，是一个新兴的移动电商购物平台，是一家移动的 B2C 跨境电商，其 App 上销售的产品物美价廉，包括非品牌服装、珠宝、手机、淋浴喷头等，大部分产品都直接从中国发货。与传统购物网站不同的是，Wish 一开始就十分注重智能手机的购物体验，通过商品图片给用户提供视觉享受。同时，Wish 的大幅折扣刺激了用户的购买欲。作为一个电商新手，Wish 完全没有 PC 端购物平台的设计经验，这也使 Wish 能够不带任何思想包袱开拓移动端市场。

Wish 平台的特点是有更多的娱乐感，有更强的用户黏性，呈现给用户的商品大都是用户关注的、喜欢的，每一个用户看到的商品信息都是不一样的，同一用户在不同时间看到的商品也不一样。Wish 不依附于其他购物网站，本身就能直接实现闭环的商品交易，在 Wish 平台上，用户在浏览到喜欢的商品图片后，可以直接在站内实现购买。Wish 淡化了品类浏览和搜索，去掉了促销，专注于关联推荐。Wish 会随时跟踪用户的浏览轨迹以及使用习惯，以了解用户的偏好，进而推荐相应的商品给用户。

6. 敦煌网

敦煌网于 2004 年创立，是全球领先的在线外贸交易平台。敦煌网是一个聚集中国众多中小供应商产品的网上 B2B 平台，是为国外众多的中小采购商有效提供采购服务的全天候国际网上批发交易平台。

它的特点是在交易成功的基础上，根据不同行业的特点，向国外买家收取不同比例的服务费佣金，一般在交易额的 7% 左右，而一般传统的 B2B 电子商务网站普遍是向国内卖家收取会员费。敦煌网提供诚信担保的机制，还能实现 7~14 天的国际贸易周期，实现了一个小制造商、贸易商与零售卖家之间的对接。另外，敦煌网针对一些已经接触过电子商务、有货源，但是技能跟不上的用户，推出了外贸管家服务。定期会与工厂见面，将客户的反馈，客户对商品的样式、质量的意见以及要怎么样推广这些产品的观念与企业及时交流，以保证企业的交易成功率。

二、平台对比

经过上文的描述，能够了解到现今中国出口跨境电商主要有 B2B、B2C 两种模式，不同的模式下有不同的电商平台，每种类型的平台有着各自的特点与服务方式，为了帮助张经理所在的茶叶公司选择合适的跨境电商平台，现就三种不同的电商平台模式下的代表性平台的经营范围和收费模式进行对比。

（一）第三方跨境电商平台模式

第三方跨境电商平台比较稳定，具有完善的物流体系和支付平台，实力比较雄厚。它们一般不收年费，只收取一定比例的佣金，所以许多小微企业或刚起步的新企业常常选择第三方平台开展外贸业务。第三方平台模式的优势在于可以增加较多供应商自主上传产品的入口，突破网站后端供货的"瓶颈"，便于将电商平台打造成运营中心，形成规模效应。但是，随着第三方平台竞争压力越来越大，卖家不断增加，第三方平台的功能和服务需要进一步提高，以便更好地满足平台用户的需求，表 2-2 是我国主要第三方跨境电商平台的一个简单对比。

表 2-2　　　　　　　　我国主要第三方跨境电商平台

序号	平台名称	成立时间	经营范围	优势	收费模式
1	敦煌网	2004 年	综合	建立时间早，知名度较高；完善的信息流、资金流、物流系统和买家风险控制系统	采取佣金制，按成交额收取佣金，佣金率为 3%~12%，高级会员收取会员费
2	速卖通	2009 年	综合	以阿里巴巴平台为强大后盾；完善的信息流、资金流、物流系统	采取佣金制，按成交额收取佣金，佣金率为 3%~5%，3 万元的保证金
3	联畅网	2008 年	服饰、玩具、电子数码、珠宝饰品、家居、运动产品	精选卖家的平台，严格控制商品和卖家数量	采取佣金制，按成交额收取佣金，佣金率为 3%~10%
4	贝通网	2007 年	服饰、玩具、运动产品、电子数码	产品轮换排名制、支持新卖家和小卖家	采取佣金制，按成交额收取佣金，佣金率为 3%~10%

（二）自建跨境电商平台模式

随着第三方平台日益成熟稳步发展，平台卖家之间的竞争也日渐激烈。一些实力强大的外贸企业建立了自己独立的跨境 B2C 外贸电商平台网站，如 2007 年创建的兰亭集势，创新了商业模式，省去所有中间环节，直接对接中国制造商和外国消费者。兰亭集势在搜索引擎优化以及关键词竞价排名上的技术优势，使它能够花最少的费用获得巨大的网络推广效益，进而为其带来非常可观的流量和销售收入。

兰亭集势直接向供应商采购商品，有自己的定价权，还可以定制产品。创新的商业模式、领先的精准网络营销技术、世界一流的供应链体系，使兰亭集势被业界认为是外贸 B2C 领头羊，2013 年 6 月 6 日兰亭集势在美国纽交所挂牌上市。

帝科思（简作 DX）依靠平价、免运费，低价销售电子类消费品来盈利。在推广方面，DX 采用的方式是"论坛营销"，即通过和论坛合作，把网站相关的产品信息、打折优惠信息曝光,并把不同的产品推送到不同的论坛,是用户黏度极高而成本又极低的一种方式。海外论坛以及社区化营销手法灵活多样,极大促进了销售。

为了帮助大家更好地了解自建跨境电商平台的各个类型,特总结表2-3以供大家参考。

表2-3　　　　　　　我国主要自建跨境电商平台

序号	平台名称	成立时间	经营范围	优势	收费模式
1	兰亭集势	2007年	3C产品为主,化妆品、保健品	吸收了大量风投资本,发展迅猛,集合国内的供应商向国际市场提供"长尾式采购"模式	平台直接采购,不收取额外费用
2	米兰网	2008年	服饰	庞大的国际网络外贸销售平台,如国际站、日本站、法国站、西班牙站等	平台直接采购,不收取额外费用
3	Chinavasion	2008年	消费性电子产品	网站SEO优化手段突出,专注于消费性电子产品	平台直接采购,不收取额外费用
4	DX（帝科思）	2007年	电子类消费产品	低价销售、论坛推广	平台直接采购,不收取额外费用

(三) 建设独立的企业外贸网站

外贸电商第三平台竞争日渐激烈,多数卖家都会通过选择收费平台,或者通过广告对产品进行推广,但成本比较高。另外,随着实力强、技术高的外贸企业自建B2C外贸平台的增多,如兰亭集势,小微企业的发展压力越来越大,越来越多的外贸企业将谋求独立建设自有外贸网站,这对致力于提供外贸网店建设、外贸零售解决方案的服务商来说是个很好的发展机遇。建设独立的外贸网站具有以下优点:

1. 设计自由，展示实力

独立外贸网站可以根据产品特点和风格进行设计，可以实现个性化特点，突出产品特色，可以摆脱第三方平台的很多规则限制，摒弃网店模式单一的缺点，能够很好地体现企业的实力，容易赢得买家的信任。

2. 推广简洁方便

独立外贸网站拥有独立域名和IP、独特的风格与名称，更容易利用搜索引擎和社会化媒体营销等方式进行推广，并且网站的流量都是直接指向自己的网站，将能够产生直接的效果，大大降低了客户被抢走的概率。

3. 功能丰富

独立外贸网站拥有强大的功能，如通知朋友、折扣券、账号管理、产品评价、促销及站点地图等，很好地促进外贸业务的发展。

4. 节约成本

前期第三方外贸平台免费，但是到了后期，平台卖家竞争日益激烈，卖家的广告费、推广费不断增加，许多外贸电商企业选择在继续借势第三方平台的同时开始建设独立的自有外贸网站，它们通过利用第三方平台挖掘客户资源，然后把客户吸引到自己的外贸网站上，既节约成本，又有利于企业的品牌建设。

三、平台数据分析

据商务部2013年数据显示，我国跨境电商平台企业超过5000家，境内通过各类平台开展跨境电子商务的企业已超过20万家。在众多国内国际跨境交易平台中，eBay、速卖通、亚马逊、敦煌网这四家的市场份额占到80%以上，同时新的一批跨境电商平台也在陆续搭建中，"印度尼西亚中国商品网""丹麦中国商品网"等精细化国家级的电子商务网站现今也已经纷纷上线运行。

项目二 跨境电商平台的选择与信息发布

在经过前面对平台的分析和对比,考虑到张经理所在的企业有传统的外贸经验,更多面向的是大额销售,所以我们最终选择 B2B 模式。考虑到企业本身的资金有限,加上是初次接触电子商务,故选择 B2B 模式下的第三方跨境电商平台模式。为了在第三方跨境电商平台模式中选择适合自己的平台,现对第三方跨境电商平台的相关数据进行分析,从而帮助企业选择最合适的平台。

(一)茶叶在速卖通平台上的概况

在速卖通平台上,茶叶属于食品这一一级品类(食品品类下共有包括茶叶在内的 7 个二级品类)。茶叶在食品这一品类中访客数占比和浏览量占比均在 60% 左右,占据了食品这一品类 3/5 的流量,属于食品行业中平台热推的产品。茶叶的支付金额占比和支付订单数占比都接近 90%,可见茶叶几乎撑起了整个食品类的销售额。相比起其他食品(咖啡、干果、干货、土特产、谷物制品、枸杞、坚果),国外消费者对来自中国的茶叶情有独钟。从 225.02% 的供需指数上来看,茶叶的跨境电商出口在速卖通上已经是红海行业,竞争比较激烈,且有上升的趋势。如图 2-3 所示。

图 2-3 茶叶在速卖通跨境电商平台上的行业概况

从图 2-3 中可以看出俄罗斯是中国茶叶在速卖通平台上的主要出口市场，占据了近 50% 的支付金额，这与速卖通的主要推广市场为俄罗斯有关。而美国和英国这两个传统茶叶外贸的主要出口市场，支付金额比却很少。因此，除了俄罗斯以外，其他的国家还有一定的推广和营销空间。

（二）茶叶在敦煌网上的概况

相关调查数据显示，茶叶在敦煌网上的成交量指数、成交金额指数、成交人数指数都有较大的环比增长幅度。2018 年 1~3 月间，共有 35092 款茶叶产品在平台上销售。同时，竞争力（卖家数量/产品浏览人数，经过处理后的数值）却有所下降。可见，茶叶在敦煌网上的跨境出口还在继续蓬勃发展，出口额度有望继续增加。从国家分布状况来看，产品浏览量占比最高的为美国，为 31.60%。这与敦煌网主推美国市场有关。除了美国以外，英国排第三，但是浏览占比并不高，只有 8.31%。但是英国的成交量占比名列前茅，为 37.17%。美国排名第二。浏览指数排名第五的俄罗斯成交量占比也不低，有 12.17%，排名第三。可见英国以较少的买家完成了较高的成交量，依旧保持了其传统外贸中茶叶主要出口国的核心地位。从成交金额占比来看，前三名分别为美国、英国和俄罗斯。其中，美国有绝对的优势，金额占比为 34.62%。从以上数据可见，在敦煌网上英国、美国和俄罗斯是茶叶跨境电商的主要出口国，美国的买家最多，成交金额最大。英国的买家虽然占比不大，却完成了最多的成交量。

四、平台选择

完成前面的平台分析、平台对比分析和平台数据分析后，最后需要综合其结果，选择一个最适合于企业的平台。

从企业目标市场和产品定位来看，张经理所在的企业前期在做传统外贸的过程中，面向的主要是美国、英国、俄罗斯市场，产品更多的是大额销售，面向的是采购商，同时企业是第一次开展电子商务业务，想通过其来拓宽销售渠道，故从这个角度来看，企业应该选择B2B平台中的第三方跨境电商平台模式。

从外贸电商平台的规模和影响力来看，我们从前面的数据中能够看到，敦煌网成立时间最早，是在2004年，速卖通作为阿里巴巴旗下的跨境电商平台，其成立时间在2009年，但是依托阿里巴巴强大的资源，近几年发展迅猛，在B2B、B2C上都占据有一定的市场份额。考虑到企业更多的是面向采购商，而速卖通更多的是面向消费者个人，所以从这个角度上看，最后我们选择敦煌网作为张经理企业的跨境电商平台。从电商平台服务项目收费情况来看，目前各种电子商务平台采取的都是佣金制，佣金率为3%~12%，而成立于2004年的敦煌网较早推出增值金融服务，根据自身交易平台的数据为敦煌网商户提供无须实物抵押、无须第三方担保的网络融资服务，深受中小企业欢迎，故从该角度来看，最后张经理应该选择敦煌网。

综合以上的分析结果能够看到，对于张经理所在的茶叶企业来说，做B2B，选择敦煌网跨境电商平台是最好的选择。

任务四　平台信息发布

一、公司信息发布

在选择好跨境电商平台之后，接下来要做的就是进行相关信息的发布，为了能够帮助大家更好地了解如何在平台发布信息，特将其分成两部分，即公司信息发布和产品信息发布。下面就以阿里巴巴国际站为例来讲述如何发布公司信息。

步骤一：主账号登录"My Alibaba 后台 – 建站管理 – 管理公司信息"模块提交公司信息，包含五部分：基本信息、贸易信息、合作工厂、展示信息、证书商标及专利模块。请按要求填写即可，如图 2 – 4 所示。

图 2 – 4 登录管理公司信息页面

步骤二：填写公司基本信息。在填写公司基本信息的过程中，要注意标记 * 号的是必填选项，但是其他没有标记的最好也全都填写清楚，这样有利于买家更快捷地找到你的公司信息和产品信息，如图 2 – 5 所示。

步骤三：填写公司贸易信息，如图 2 – 6 所示。

步骤四：填写公司合作工作信息。在该步骤中，如果没有合作工作，直接填写"No"就可以，然后继续填写后面的展示信息，如图 2 – 7 所示。

项目二　跨境电商平台的选择与信息发布

图 2-5　填写公司基本信息页面

图 2-6　填写公司贸易信息页面

图 2-7　填写公司合作工厂信息

步骤五：填写公司展示信息，如图 2-8 所示。

图 2-8　填写公司展示信息

步骤六：填写公司证书、商标及专利。在该步骤中，如果该公司没有证书等，是可以直接提交审核的，这一点要特别注意。如图 2-9 所示。

项目二 跨境电商平台的选择与信息发布

图 2-9 填写公司证书、商标及专利等

以上是发布公司信息的步骤及要填写的内容，在每一步填写完毕之后，在页面底端都有提交审核或暂存选项，大家在实际操作的时候可以根据实际情况进行选择，如图 2-10 所示。

图 2-10 提交或暂存选项展示

二、产品信息发布

在选择好跨境电商平台发布公司信息之后,接下来需要进行产品信息的发布,下面选取阿里巴巴国际站和敦煌网两个平台来讲解产品信息发布的步骤。

(一) 阿里巴巴国际站产品信息发布

从整体来看,阿里巴巴国际站产品信息发布包括填写选择类目、产品名称、产品关键词、产品属性、产品主图、产品详情和交易信息共7个板块。

步骤一:填写产品类目。登入主账号进入后台,依次点击产品管理—发布产品—选择产品类目。如图2–11所示。

图2–11 填写产品类目

步骤二:填写产品信息。在该步骤中,需要填写产品的信息,包括基本信息、产品属性、交易信息、物流信息、产品详情和产品分组几个板块,如图2–12所示。

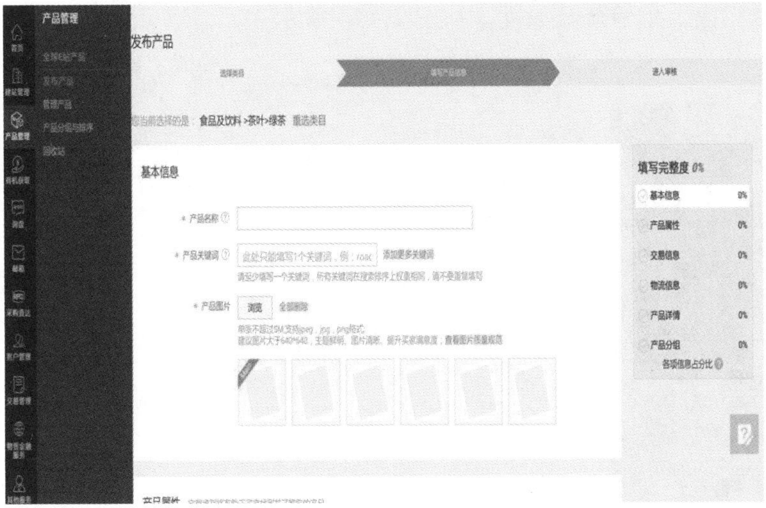

图 2-12 填写产品信息

步骤三：填写产品基本信息，如图 2-13 所示。

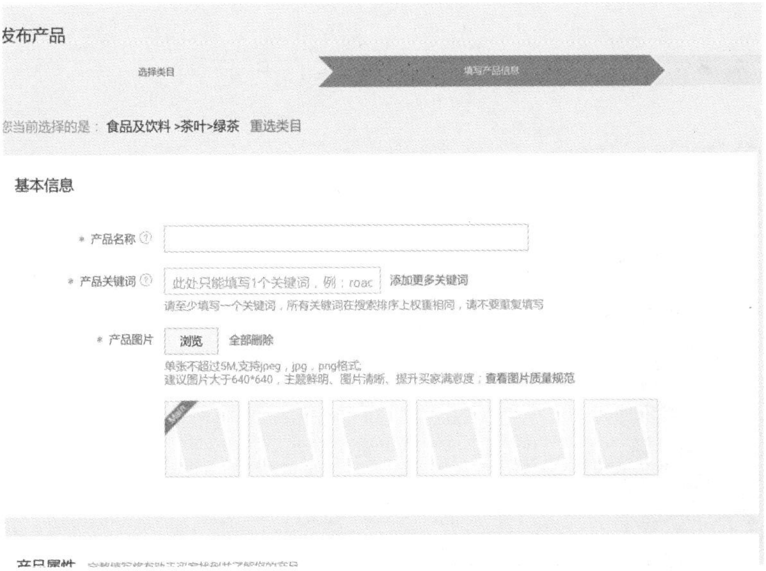

图 2-13 基本信息填写页面

步骤四：填写产品属性，如图 2-14 所示。

图 2-14　填写产品属性页面

步骤五：填写产品交易信息，如图 2-15 所示。

图 2-15　填写交易信息

步骤六：填写物流信息，如图 2-16 所示。

图 2-16　填写产品物流信息

步骤七：填写产品详细信息。在该步骤中，要注意使用的英文，因为面对的都是海外的客户，如图 2-17 所示。

图 2-17　产品信息填写页面

步骤八：填写产品分组，如图2-18所示。

图2-18 填写产品分组

步骤九：提交产品信息，如图2-19所示。

图2-19 提交产品信息

以上就是阿里巴巴国际站发布产品信息的全部步骤，在提交后经过审核，就顺利完成了产品信息的发布，如果需要查看审核状态的话，可以进入管理产品页面，进行查看，如图 2–20 所示。

图 2–20　管理产品页面

（二）敦煌网产品信息发布

产品信息是由文字和图片组成的，详细的文字描述和清晰的图片可以吸引买家的眼球。上传产品信息时需要填写如下内容：产品名称、产品简短描述、产品属性值、产品信息描述、产品销售信息、我的服务承诺、其他信息。首先登录"我的 DHgate"—"产品管理"—"添加新产品"页面，如图 2–21 所示。

为了能够更好地帮助大家了解发布产品信息的步骤，以下以婚纱为例来讲解产品信息上传的操作流程。

步骤一：点击"添加新产品"页面需要选择产品类目，如图 2–22 所示。

图 2-21　我的 DHgate 页面

图 2-22　选择产品类目页面

步骤二：添加产品基本信息。

(1) 填写产品标题。产品标题要清楚、完整、形象，最多可输入 140 个字符，如图 2-23 所示。

项目二　跨境电商平台的选择与信息发布

图 2-23　填写产品标题

（2）填写产品基本属性。另外，为了更方便上传产品、为了让产品能以更多的展现方式出现在买家页面，平台在上传产品页面时会根据您上传产品的特征，设置多种产品相关属性，例如品牌、款式、尺寸、材质、颜色等。您需要根据您的产品，选择页面所提供的属性选项。您填写的属性值会直接显示在买家页面。带＊号标志的属性都是需要您认真填写的，否则将会直接影响到您产品信息的上传及发布，如图 2-24 所示。

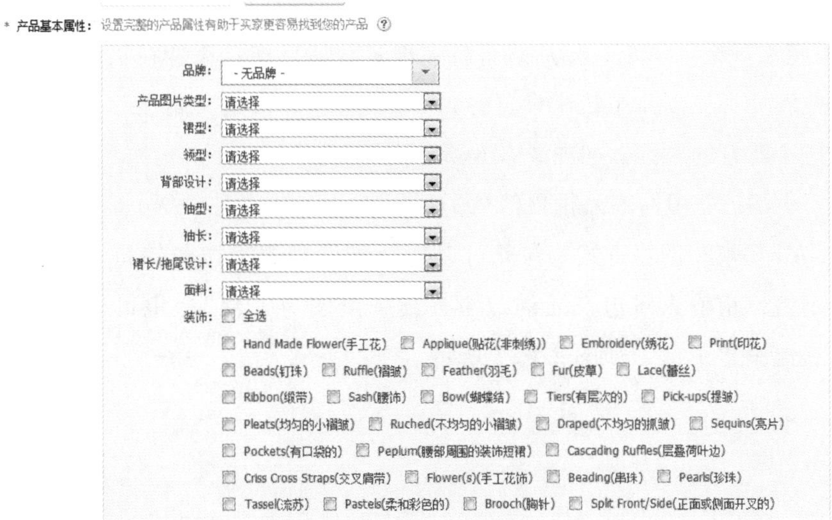

图 2-24　填写产品基本属性

(3) 填写产品规格。产品根据不同规格，可以设置不同的零售价，并在前台展示给买家，如图 2-25 所示。

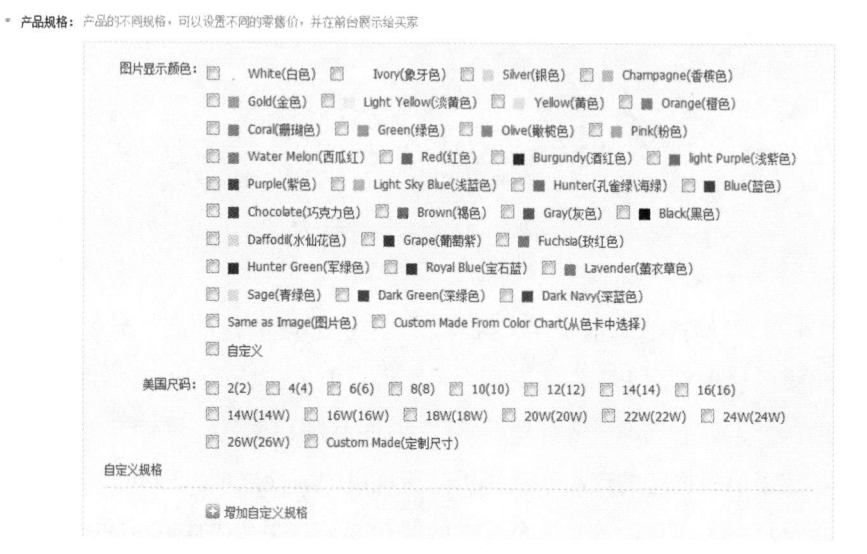

图 2-25 填写产品规格

(4) 如果系统所供您选择的规格不能满足您的需要，您可以选择"自定义规格"选项，然后进行自主设置。如果您希望能在买家页面呈现其他属性（主要指系统未设置的），可以通过"自定义属性"选项自主添加您所特有的属性。如图 2-26 所示。

步骤三：填写产品销售信息。

(1) 填写销售方式。在此可以选择按件销售或按包销售。如选择按包销售，请输入每包产品的数量，其中单位为"件"，也可以在右侧选择其他销售单位，如图 2-27 所示。

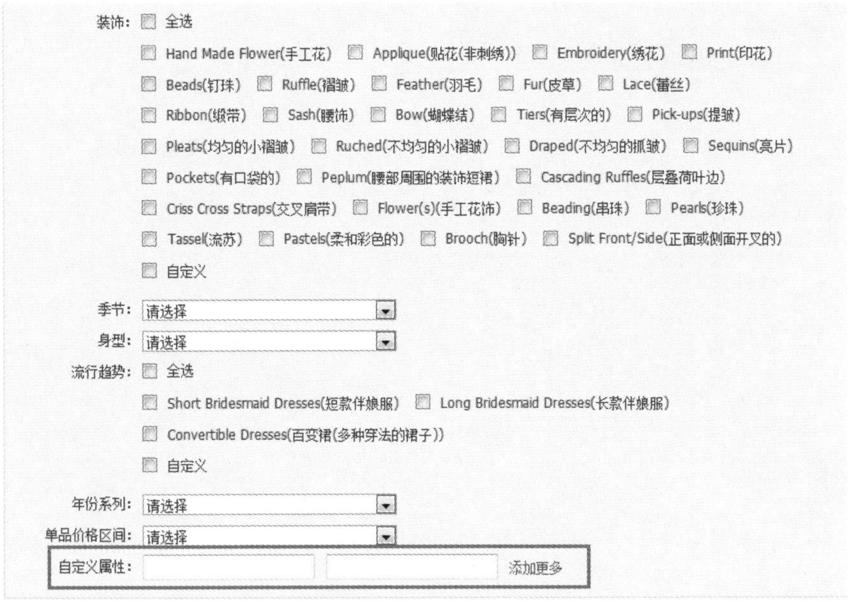

图 2-26 自主添加特有属性

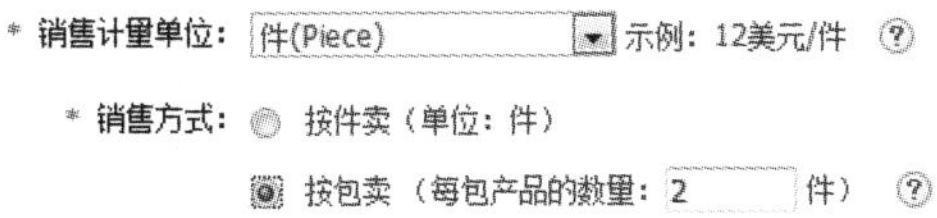

图 2-27 填写产品销售方式

选择其他销售单位后，会出现双、套、打等单位，如图 2-28 所示。

（2）填写备货状态。可以选择有备货，或者待备货。其中有备货可以选择备货地、备货数量，备货期 2 天（有备货的产品备货期小于等于 2 天）。待备货的产品可以设置客户一次最大购买数量，并且备货期可以设置 1~60 天（备货期：卖家确认执行订单至成功发货期间的天数，此项由卖家自定义，这里不含国际运输时间），如图 2-29 和图 2-30 所示。

图 2-28　销售计量单位选择

图 2-29　有备货设置

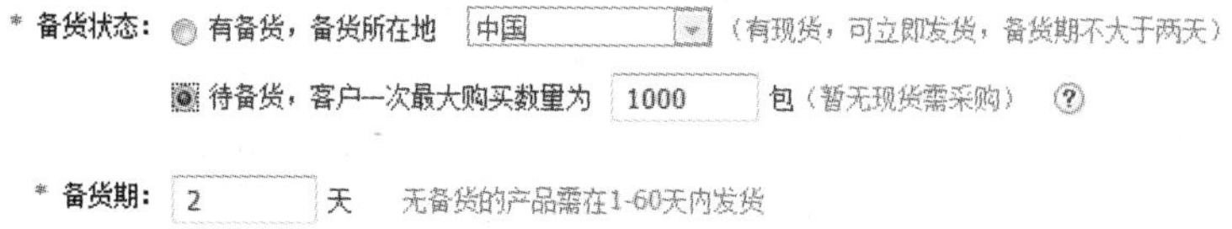

图 2-30　待备货设置

（3）填写产品价格区间。在敦煌网，您可以针对同一产品的不同数量区间，分别设置各个数量区间的不同报价；如果同一产品还有不同的规格，您也可以对不同的规格在不同的数量区间设置各自的价格，如图 2-31 和图 2-32 所示。

图 2–31 填写价格区间

图 2–32 分别设置价格区间

在这里需要注意以下概念：

①自定义规格：如果产品分为不同的规格，如 U 盘产品有 8G、16G 等规格，那么可以在此处填写不同规格的名称，并为它们设置不同的价格；如果产品不需要区分规格，此项可以不用填写。

②销售状态：这个规格是否展示到买家页面，如果暂时没有此规格，那么可以选择"不可销售"。

③实际收入：产品实际销售价格，由卖家填写。此数目为卖家最后收到货款的数目。

④买家价格：买家所看到的价格，是系统根据实际收入和类目佣金自动计算出来的。

⑤商品编码：您可以为产品设置商品编码，以区分产品来自不同的厂家、不同的类目、不同的规格。您可以将鼠标放到"佣"字上来具体查看该类目的佣金比率，如图2-33所示。

图 2-33　设置商品编码页面

步骤四：填写产品内容描述。

（1）上传产品图片。用生动真实的图片展示您的产品有利于达到销售目的。上传产品信息之前要准备好图片。上传图片可以选择从"本地上传"或者从"相册上传"，如图2-34所示。

图 2-34　上传产品图片页面

同时，您可以根据您的意愿从"本地上传"或者"相册上传"的方式添加图片,这两种方式都较为简单,现在以"相册上传"的方式来为您介绍具体操作。点击"相册上传",进入您原先设置好的产品相册中,如图2-35所示。

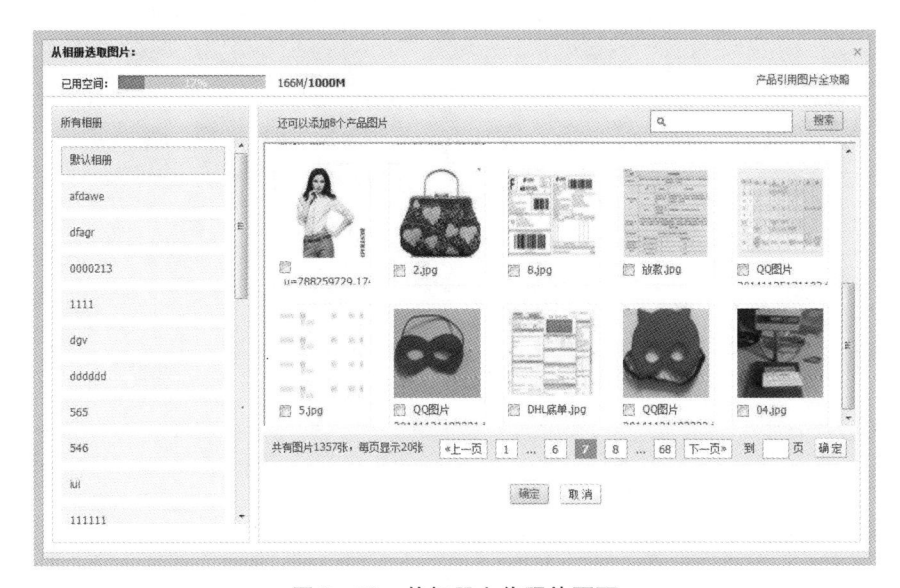

图2-35 从相册上传照片页面

在相应的相册中选择您想要的图片(最多为8张),点击"确定",如图2-36所示。

当然,如果在上传之后,您对所选择的图片不满意,可以将上传的图片删除,如图2-37所示。

接下来您需要上传一张高质量的图片用于站内外推广(例如google shopping),图片要求无人为修改,无促销、产品属性、名称等信息,无PS修改涂痕,如图2-38所示。

最后为方便卖家自己管理产品,可以创建产品组,将同一类别的产品添加到同一个产品组中,如图2-39所示。

图 2-36 上传 8 张照片页面

图 2-37 删除上传的图片页面

图 2-38 上传图片用于站内外推广

图 2-39 创建产品组

（2）添加产品简短描述。建议在产品简短描述栏目中多填入一些可以让买家在查找物品时会搜索到的词语。词语之间可以输入中文标点符号，会自动转化成英文标点符号，最多可输入 500 个字符。如图 2-40 所示。

图 2-40 添加产品简短描述

（3）添加产品详细描述。把在产品名称和规格说明中不能涵盖的产品信息进一步详细地展示给买家，如图 2-41 所示。将买家比较关注的产品特色、功能、服务、包装及运输信息等展示出来，让买家可以一目了然地、尽可能多地了解产品相关信息；还可以通过一些个性化的描述展现卖家的专业性，如制作模板、敦煌网相关产品的站内链接，向买家展示更多的相关产品,进行自我促销,引起买家的兴趣,等等。详细描述中有 8 万个字符空间,支持 HTML 语言。需要注意的是,详细描述中不能出现敦煌网以外的链接,禁止出现任何形式的联系方式,如邮箱、公司网址、SKYPE 等,如图 2-41 所示。

图 2-41 产品详细描述页面

另外,考虑到敦煌网面对的都是国外的买家,所以需要使用英文填写一切产品信息,以便买家在搜索您的产品时可以准确地了解产品的各种情况。您也可以登录敦煌网点击"在线翻译",将您的产品信息翻译为英文。

步骤五:添加产品包装信息。

(1)填写包装后重量。在此输入重量,如图 2-42 所示。

图 2-42 填写包装后重量页面

(2)填写包装后尺寸。在此输入长、宽、高信息,如图 2-43 所示。

图 2-43 填写包装后尺寸

考虑到部分产品的包装重量不是完全根据产品的数量等比增加，所以平台对于产品包装重量比较大、体积比较小的产品，特别提供了自定义重量计算功能，如图 2-44 所示。

图 2-44 填写自定义重量页面

步骤六：设置运费。

（1）如果您是第一次上传产品信息，需要创建一个运费模板，如图 2-45 所示。

图 2-45 创建运费模板

（2）点击"运费模板管理"链接，会在新窗口打开添加运输模板页面，如图 2-46 所示。

运费模板

自定义模板 | 推荐模版 　　　　　　　　　　　　　　　　　　? 更多运费模板帮助

⚠ FEDEX 报价已更新，请修改含有 FEDEX 的运费模板设置。
BLI_AU 报价已更新，请修改含有 BLI_AU 的运费模板设置。
XRU-Quick 报价已更新，请修改含有 XRU-Quick 的运费模板设置。
Equick-express 报价已更新，请修改含有 Equick-express 的运费模板设置。
TOLL-Online Shipping 报价已更新，请修改含有 TOLL-Online Shipping 的运费模板设置。　　不再提示

添加新模板　　　　　　　　　　　　　　　　　　　　　　　　注释：[仓] 敦煌网合作仓库

23232323　　　　　　　　　　　　　　　　　　　　　　　　修改　复制　删除
　　收运费　　　DHL（30个国家▼）
　　免运费　　　DHL（3个国家）
　　不发货　　　DHL（181个国家）

nhjbh　　　　　　　　　　　　　　　　　　　　　　　　　修改　复制　删除
　　收运费　　　EMS（37个国家▼）、UPS（129个国家▼）

图 2-46　新窗口打开添加运费模板页面

（3）点击"添加新模板"，需要填写"运费模板名称"，并选择想要使用的物流方式，如图 2-47 和图 2-48 所示。

保存并添加

* 运费模板名称：456　　　　　　　　　　　不超出15个字符

线下物流方式 | DHLink物流方式　　□隐藏价格及运输时效　□隐藏未设置　推荐发货物流：按行业筛选▼

选择显示物流：按仓库筛选▼　　　　　ℹ发货至DHLink仓库的时间应包含在产品备货期内，请酌情设置备货期

物流方式	物流价格(RMB) 0.5kg到美国为例(含燃油)	运输时效 详情	收费方式	操作
DHL-Online Shipping DHL仓库发货	83.81	3-5天	上海仓发货，折扣较低，欧洲、西亚和中东有明显的优势	选择并设置
FEDEX_IP Fedex优先型	103.6	2-3天	收运费 195个国家(仓)	编辑 取消
FEDEX_IE FEDEX经济型	92.19	5-7天	广州仓发货，折扣低，环球航空及陆运网络全	选择并设置

图 2-47　选择物流方式

项目二 跨境电商平台的选择与信息发布

图 2-48 运费设置页面

（4）添加好模板名称并设置好物流方式后，就可以点击"保存"，这个模板就创建完成了，如图 2-49 所示。

图 2-49 创建模板完成页面

（5）如果需要修改某个运费模板的信息，可以点击"运费模板管理",到"运费模板"页面去进行修改,如图 2-50 所示。

图 2-50 修改运费模板信息

(6)填写产品有效期。产品有效期指的是从产品成功提交起,到停止在网上展示的时间段,有效期默认为 90 天,如图 2-51 所示。

图 2-51 填写产品有效期页面

最后单击"发布"按钮,产品信息发布完成。

【思考和练习】

一、选择题

1. （　　）在整个跨境电子商务中的比重最大，约占整个电子商务出口的90%。（　　）虽只占跨境电子商务总量的10%左右，却是增长最为迅速的部分。

　　A. B2B　　　　B. B2C　　　　C. C2C　　　　D. M2C

2. 跨境电商参与主体有哪些？（　　）

　　A. 通过第三方平台进行跨境电商经营的企业和个人

　　B. 跨境电子商务的第三方平台

　　C. 物流企业

　　D. 支付企业

二、判断题

1. 我们所说的跨境电商是指广义的跨境电商，不仅包含B2B，还包括B2C部分；不仅包括跨境电商B2B中通过跨境交易平台实现线上成交的部分，还包括跨境电商B2B中通过互联网渠道线上进行交易撮合线下实现成交的部分。　　　　　　　　　　　　　　　　　　　　　　（　　）

2. 阿里巴巴平台是目前中国在线国际贸易平台中流量最高的平台。

　　　　　　　　　　　　　　　　　　　　　　　　　　　　（　　）

三、问答题

1. 在阿里巴巴国际站上发布产品信息时，通过哪些模块的描述可以提高产品的专业度？

2. 为了打造优质的阿里巴巴平台产品模板，描述产品的时候应该包含哪些内容？

四、案例题

2007年,张先生在环球资源网(深圳)的一家供应商公司供职,业务做得相当不错,时逢2008年金融危机,环球资源网因内部调整撤销了深圳这家公司。正因为有这段经历,张先生学到了在线外贸的相关知识和技能,也产生了借助外贸电商平台自己做生意的想法。现在他决定做电子产品销售的跨境电商,请你依据平台分析、对比以及相应的数据分析,帮助他选择最合适的电商平台。

五、操作题

1. 请登录慧睿国际的 kk.micpath.cn 在线跨境电商实训平台,完成产品信息发布,45分钟发布2个完整产品(5个学员试用账号分别为 hrgj3001/hrgj3002/hrgj3003/hrgj3004/hrgj3005;密码均为 huiruiguoji)。

2. 在速卖通平台上完成产品信息发布。

步骤一:填写类目行业,如图2-52所示。

图2-52 填写类目行业页面

步骤二：填写产品属性，如图2-53所示。

图2-53　填写产品属性页面

步骤三：填写标题关键词，并上传产品主图，如图2-54所示。

图2-54　填写标题关键词和上传产品主图

步骤四：填写销售属性，如图 2-55 所示。

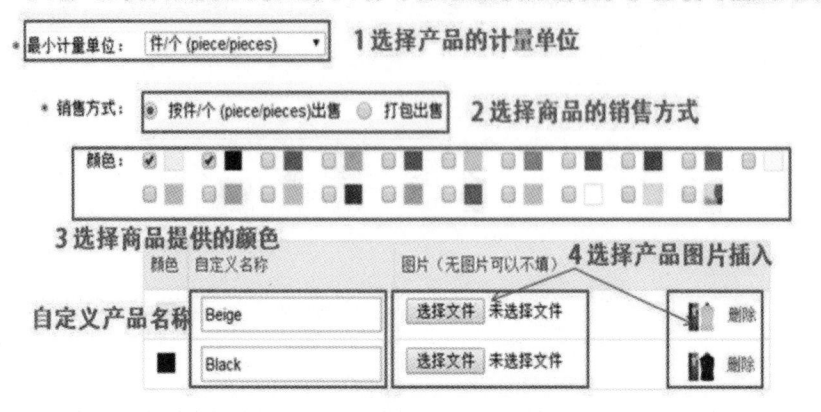

图 2-55　填写销售属性

步骤五：填写尺码、价格等信息，如图 2-56 所示。

图 2-56　填写尺码、价格等信息

在该步骤中要根据不同的国家规则，对常规尺码进行改良，比如常规的中国女装款和国外女装款相比会小一个尺寸。

步骤六：填写信息模块，如图 2-57 所示。

项目二 跨境电商平台的选择与信息发布

图 2-57 填写信息模板

步骤七：填写描述图片（详情页图片考虑到放置移动端时的图片清晰程度，建议不超过 800*850 或者 700*750），如图 2-58 所示。

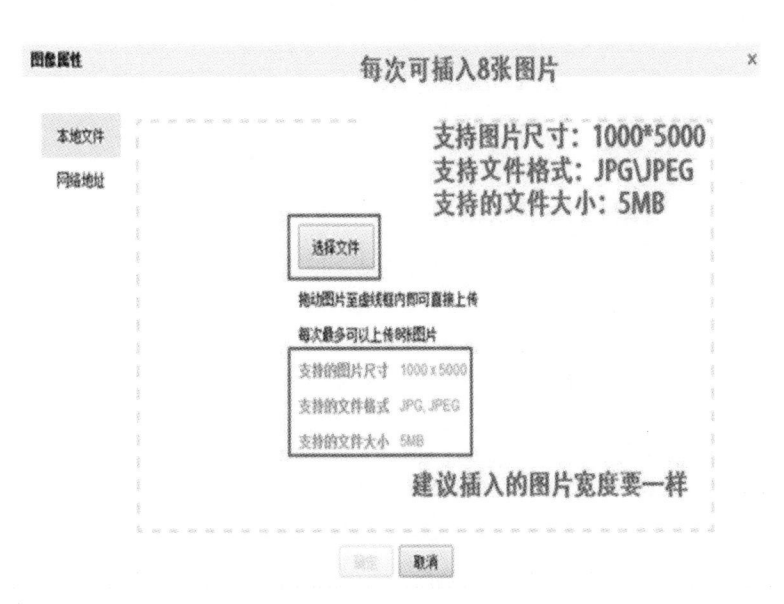

图 2-58 填写描述图片

步骤八：填写详细描述中的服务和售后等信息，如图 2-59 所示。

图 2-59　填写详细描述中服务和售后等信息

步骤九：填写包装信息和物流设置（包装完后的质量、国际物流价格与重量有关），如图 2-60 所示。

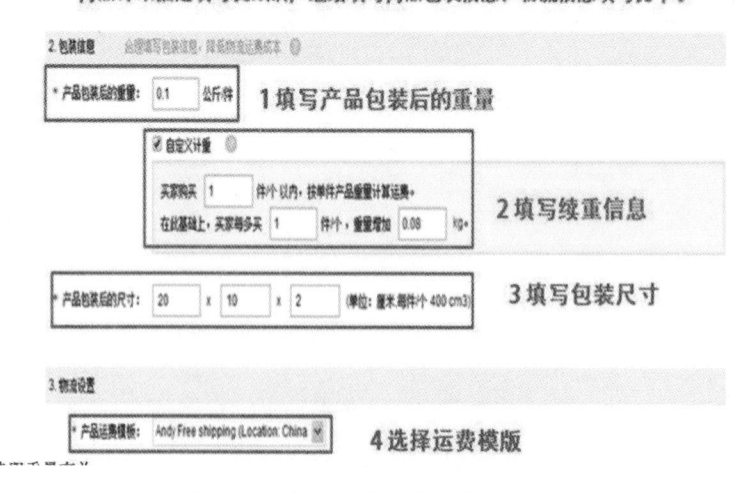

图 2-60　填写包装信息和物流设置

步骤十：填写服务模板和其他信息，如图 2-61。

图 2-61 填写服务模板和其他信息

项目三

跨境电商网络推广

【学习目标】

（一）知识目标

1. 正确认识邮件营销并了解邮件营销的实际应用
2. 熟悉和了解 Google SEO 优化的理论和技巧
3. 了解 Google AdWords 账户和工具的使用和原理
4. 了解和掌握 Facebook 营销的方式和技巧
5. 对 YouTube 营销有一个基础的了解和认知

（二）能力目标

1. 能实际操作邮件营销，撰写营销邮件
2. 学会挖掘关键词，对网站进行基础的 SEO 优化工作
3. 会搭建 Google AdWords 账户，添加关键词，撰写创意广告并投放广告
4. 能够创建 Facebook 主页，并运用各种技巧对主页进行推广

【项目情景】

David 是国内一家 LED 灯具生产公司的市场营销总监。公司的出口收入大概为每年 6 千万元，之前他们主要是通过外贸平台类网站进行营销推

广,比如说像速卖通和敦煌网等,并没有在全网做过其他的推广。随着近年经济形势不景气,以及行业竞争加剧,再加上平台的营销成本也水涨船高,公司的营销成本不断上升,收入开始下滑。面对这种情况,David 所在的公司决定拓展海外营销渠道,展开全网营销,不再只是依赖于平台网站,开始自建网站进行营销推广,并利用社会化媒体,特别是像 Facebook 来进行品牌宣传。请问 David 应该如何开展营销,并推进实施呢?

【相关知识】

一、邮件营销的理论与应用

(一)邮件基本营销理论

1. 真正意义上的邮件营销

邮件营销,也称 EDM,是指通过电子邮件的方式向用户发送产品或服务信息及其他促销信息,以达到营销目的的活动。按发送邮件是否得到用户许可来进行分类,可将邮件营销分为许可式 EDM 和未经许可的垃圾邮件营销。通常我们将许可式的邮件营销作为真正意义上的邮件营销。

2. 许可式的邮件营销与垃圾邮件营销的区别

许可式邮件营销是企业在推广产品或服务信息之前,事先需要征得顾客的许可,得到许可后,通过邮件的方式给客户发送产品或服务的相关信息。这种通过周期性的电子邮件给自己的目标客户发送有价值的信息和资源的方式,往往可以获取一批比较精准且容易产生购买行为的客户。要知道进入邮件数据库的用户都是主动填写表格,主动要求企业发送相关信息的一类人群,这类用户在一来二去的邮件中更容易转化为忠诚的订阅者。这批精准用户的关注与转化则是邮件营销的最大价值。而垃圾邮件则会以一种持续的、顽固的、非法的形式，不经用户同意将内容发送至用户的电子邮箱。这种流氓式推送的信息对于用户来说就是垃圾信息，没有任何意义，不但不会产生任何转化，反而会对用户造成一定的伤害。这种垃圾邮件营销方式对于企业来说，没有任何价值与意义。

3. 邮件营销的应用价值

（1）增加品牌曝光度。

邮件营销是一种很直观的品牌曝光传播媒介，企业在发送邮件时，可以很自然地将品牌名称、logo、产品、服务等信息植入邮件中，从而增加品牌的曝光度。我们可以巧妙地将品牌名称植入邮件标题中，经过测试发现，采用邮件营销方式的企业相较于使用前，顾客品牌认知度得到了很大的提升。

（2）方便测试和调研。

把邮件当成市场研究工具可以说是最节约高效的一种方式了。相较于其他的调查方式，只需要将最直接的调查问卷以邮件的形式发送给受访者，追踪客户反应，测试响应结果，就能完成整个测试过程。这种测试通常会对开展耗资巨大的商业营销活动起到很好的预测作用。

在活动开展前，先创建一个受众、提议和创意的测试组合，通过对收到邮件受众的调查，来判断提议与创意对目标受众的吸引力，并恳请他们反馈相关的意见，从而达到降低活动风险的目的。

（3）提高网站流量。

邮件营销是一种很好的客户触达的方式，很多银行企业都会采用邮件营销的方式触达客户，投放网站的促销内容，从而提升网站的流量。一般需要辅以一些有趣的小测试和有诱惑力的文案、问题以激励用户点击。值得注意的是，我们要做的是将用户引导进入网站，网站内会有更加全面的信息，鼓励用户更好地转化，而不是将网站的内容直接复制在你的邮件中。需要给用户理由进入网站完成交互，而不是简单地曝光促销信息。

（4）获取新客户。

获取新客户始于与新的潜在客户的对话，企业仅需要少量的客户信息

（邮件地址）即可以建立起与客户的联系。用户收到企业发来的令其感兴趣的内容，则会刺激其成为他们业务的新客户。还是以我们最常见的银行为例，储蓄卡用户办卡时会留下自己的邮箱信息，使银行有了客户触达的入口，接下来给客户发送一些信用卡开卡送豪礼，或使用信用卡消费美食五折等促销活动信息，刺激用户进入官网办理信用卡，从而成为信用卡的新用户。

（5）维护客户关系。

对于企业现存的老客户来说，邮件可作为企业与客户之间的一座定期沟通的桥梁。企业通过重大新闻、新品上市、促销打折和其他一些有持续力的邮件活动来达到塑造品牌印象、维系客户关系、提高客户忠诚度的目的。企业可以通过邮件的渠道与顾客建立一对一的稳固的联系，并将顾客的忠诚度转化为收益。另外，企业也通过邮件来提供售后服务，比如，交易确认、进度报告、咨询疑问、相关建议等。通过这个渠道，来优化老客户的用户体验，从而增加用户黏度，要知道留住一个老客户的成本远远比拓展一个新客户低得多，且购买的转化率也高得多。

（6）增加销量。

在营销活动中，除了增加宣传力度外，最重要的企业需求是增加销售量。如果邮件营销活动的目的是增加销售，那就需要给予客户一个强有力的理由，也就是我们说的提议。比如，折扣、免费送货、买一送一等均是较为常见且行之有效的方法。在邮件中，执行提议的过程要清楚，并尽可能将用户的参与过程简单化，然后将用户引导至相应的网页上，从而产生购买行为。

（二）客户细分及基本策略

1. 用户细分工具工作原理

邮件列表是互联网上获得特定客户群体邮件地址并快速方便发送大批量电子邮件的一种工具，主要用于各种群体之间的信息交流和信息发布。简单地说，邮件列表就是用来细分目标用户的工具。邮件列表的使用简单便捷，一切推送均基于用户自愿加入的前提下，才会给用户提供一定数量有商业营销价值的信息。

（1）外部列表。

类似于我们熟知的微信订阅号，专业的邮件列表服务商通常提供某类电子杂志、新闻邮件、商业信息，把邮件做成一个订阅号，吸引用户前来参与订阅，有了一定的订阅用户量之后，在邮件内容中就可以投放广告主的商业信息。广告主则可借助邮件列表服务商的用户资源开展宣传、促销等活动。为便于理解，我们把这种方式简单地类比为微信订阅号下的广点通广告。

（2）内部列表。

大多数企业都希望建立属于自己的内部列表，建立一个属于自己的"订阅号"。主要以自建邮件列表和发送系统两种形式存在，针对不同量级的网站来选择内部列表的方式，从而控制订阅用户群体。相较于外部列表来说，内部列表的经营是一个长期的过程，相对稳定，但局限于自身资源有限，营销效果不会十分显著。

2. 客户生命周期及基本策略

根据客户的生命周期，可以将其分为潜在客户、重复购买客户、VIP客户、非活跃客户四种类型。

（1）潜在客户。潜在客户是客户生命周期的伊始，一般情况下，我们把通过注册企业账号留下邮件地址的访客定义为所谓的潜在客户。当一个访客在企业的网站上进行了注册，整个邮件营销的流程就正式开始了。在注册的过程中，流程非常简单，只需要用户提交几个信息即可，这样更有利于客户完成注册行为。比如我们比较熟悉的电商网站"唯品会"注册的页面，填写信息简单明了，只需要用户填写三行信息即可。

但潜在用户缺乏主动性，所以需要一定的策略来刺激其与企业的互动。

第一，当用户初次进入网站的时候，是我们给用户第一印象的重要时期，这个时期留下的印象极为重要。用户需要我们回应他，而不仅仅是一个欢迎仪式这么简单。当用户注册成功后，我们需要在第一时间发送包含个性化信息+优惠券/现金折扣活动的感谢信到客户邮箱，在用户印象最深刻的时候刺激其消费。

第二，5~7天过后，根据客户反馈的行为做出相应的回复并进行人群细分。已经点开邮件并且使用优惠券进行消费的用户，要发送感谢邮件并辅以交叉销售策略，包括新产品咨询，促进下一步消费，准备进入生命周期的下一环节；已经点开邮件但没有使用优惠券消费的用户，给他们发送一些免费的有时间限制的赠品；没有打开邮件的用户，划分到特定的分组，后期采取措施进行激活。

第三，10~14天过后，对上次已经点开邮件但并没有消费的用户进行进一步细分。针对领取赠品的用户，发送感谢邮件并辅以交叉销售策略，包括新产品咨询，促进下一步消费，准备进入生命周期的下一环节；没有领取赠品的用户，划分到特定的分组，后期采取措施进行激活。

（2）重复购买客户。重复购买客户属于周期性购买客户，需要加大力度进行维护和营销，这个阶段属于生命周期的第二阶段。这个阶段在整体策略上要将促销及活动信息贯穿邮件始终并进行周期性的维护和更新，增加邮件信息出现的频次。应把重复购买客户视为会员客户来进行策略的调整。

第一，采用会员制期刊邮件，把营销重心放在以会员维护为主的邮件导向上，包括分享行业类信息，推送以品牌建设、产品咨询、会员维护等为主的信息。

第二，加强与会员之间的互动，鼓励用户参与到企业的活动中来，可以举办一些会员日回馈活动，让会员参与到产品或服务的改进中来，增强参与感，进一步了解客户。

第三，注重挖掘客户深层次需求，全方位剖析客户行为，比如历史购买概率、网站搜索记录、其他行为偏好，等等，将邮件内容调整得更为精准。

第四，在邮件中添加分享的按钮，例如通过积分换购或分享有奖等方式，增强用户黏性并进行病毒传播。

（3）VIP客户。VIP客户是客户生命周期中的巅峰部分，也是对企业销量贡献最大的一部分客户。一个VIP用户可以影响他身边的18个朋友，也就是我们常说的营销中的老客户转介绍策略。根据二八定律，企业80%的收入都由这20%的VIP老客户转介绍而来，这是对客户成单率很有效的一种保障方式。针对VIP客户，更加需要注重营销过程中的温度。跟VIP客户成为朋友，以情感作为纽带来维系二者之间的关系，需要注重邮件的个性化，使每个VIP客户都有一种宾至如归的感觉。

第一，周期性推送邮件，给客户发送关于产品或服务的小贴士、小技巧等，让客户感受到很贴心，并保持对产品持续关注的热情。

第二，每逢客户生日、重大节日等重要时间节点给客户推送个性化的邮件祝福，并赠送一些小礼物，给客户以惊喜。

第三，设置VIP会员专享，比如限量版产品优先推送给客户或举办VIP线下体验活动等。

第四，举办本地化的VIP会员俱乐部，形成社区文化，增强客户黏性。

（4）非活跃用户。

非活跃用户是客户生命周期的低谷期或衰退期，客户处于休眠期，不再打开邮件或不再购买产品。主要分为三种类型：忽略邮件，但客户还在；打开邮件，却是休眠客户；邮件忽略很久，客户丢失。针对各类非活跃用户，需要做仔细区分，哪些是彻底放弃流失的客户，哪些是可以通过刺激采用邮件挽回的客户，并辅以以下几条策略，对用户进行激励与再刺激。

第一，鼓励用户。给予用户一定的激励，如购物折扣、VIP特权、包邮、购物卡等。一些品牌就实施过此类策略：客户当日确认继续接收邮件，下次购买可以享受8折优惠。

第二，产品培训。很多时候你会发现，用户参与度不够，说明他对你的品牌或产品服务都没有很好地理解。需要让用户有更多的参与感，从邮件中可以获取更多，引导用户愿意更多地了解你的产品。

第三，价值强化。通过邮件努力给用户传递一种这是用户主动订阅的信息，而不是强加给用户的信息的心理暗示，增强这种心理暗示，容易重新唤醒客户的热情与关注。

第四，营造负罪感。当客户停止对你的品牌邮件进行关注的时候，学会巧妙地利用情感战术让客户不忍离开。利用这种策略最好的事例就是我们熟悉的 Facebook：当你要取消订阅关闭账户的时候，Facebook 立刻会弹出一个页面和你确认："你确定真的要离开吗？"同时展现出你曾经生活的痕迹和你朋友的照片，甚至包括他们会想念你的留言。

（三）数据追踪分析

1. 数据收集

邮件营销分为两类：许可式邮件营销和非许可式邮件营销。

许可式邮件营销获取数据途径：

（1）使用注册型网站，比如论坛、博客、电商网站等，用户注册的时候都需要填写邮件地址。

（2）网站提供免费有用的东西下载，比如有用的小工具、限量课程资料，等等，下载这些资料的时候需要提供邮件地址。

（3）策划线上活动到相关网站投放广告，需要用户注册参与，填写邮箱地址，从而获取信息，这种方式相对精准，但成本也相对较高。

（4）通过线下活动，比如展会、论坛、沙龙来交换彼此的资源，这种方式速度较慢且不太精准。

非许可式邮件营销获取数据途径：

（1）购买邮件地址列表。

（2）使用软件从网络采集邮件地址。

（3）通过 QQ 群采集邮箱地址。

2. 数据整理

客户数据一般分为两类：基于信息的用户数据和基于行为的用户数据。

（1）基于信息的用户数据。主要包含用户信息的一类数据，比如当客户在网站注册后或订阅邮件后，会弹出对话框，要求填写个人基本信息，如姓名、手机号、性别、地区、身高、体重、年龄等。

（2）基于行为的用户数据。集中关注在用户行为上，包括邮件的开信率、点击率、转化率等。通过客户的不同行为，进行客户细分，从而有针对性地调整营销策略，使之更加精准化。

（3）效果评价指标。

任何一种广告投放都需要一些效果评价指标来衡量投放的效果。我们在投放邮件广告时，主要考虑的因素是目标用户的数量和目标市场的定位程度。确定了目标用户之后，我们一般用三个指标进行具体的效果分析。

①开信率。

开信率指的是一批大量发出的邮件中，究竟有多少封被客户打开看过，又有多少封邮件根本没被打开就被删除或石沉大海了。如果发送邮件的用户都是订阅用户的话，一般开信率指标会很高，反之，如果开信率较低，则要反思发送的客户是否为目标客户，或者要改善邮件内容的撰写策略等问题。

②点击率。

点击率是指当客户收到邮件并打开后，实际点击邮件里所列出的链接/二维码进入网页详情页进行广告阅读的比率。这个指标也可以称为客户线索指标或有效触达客户的指标。点击率指标也被大家所熟悉，常常出现在各类网络广告营销的效果统计方法中，因为"点击"的行为确实可以代表用户的行为，并且证明距离转化的最终目标已经完成了一半。

③转化率。

转化率是收件人在阅读完链接内的广告详情后，愿意或同意接受广告推销的产品或服务，并产生购买行为的比率。这个指标是企业最关注的指标，它与销售额紧密相关，转化率的高低也与其他两个指标紧密相关。这是一个环环相扣的过程，开信率和点击率低，转化率自然就低，反之，转化率也不一定高，影响因素会有很多。

二、Google SEO 的理论与应用

（一）Google SEO 的基本概念

搜索引擎（SEO）是当今网络中非常重要的信息入口和流量来源。SEO 通过对网站进行站内优化、技术改进和站外优化，提高了网站在搜索引擎算法中的友好度，以及网站的权重，最终达到提升网站关键词排名的目的。搜索引擎优化已经成为在线营销最重要的组成部分，包括关键词的优化、SEO 基础优化、网站结构优化、外部链接优化、网站内容优化、网站外部链接优化等。

（二）关键词

关键词就是用户输入搜索框中的文字，代表用户命令搜索引擎寻找的东西，如图 3-1 所示。

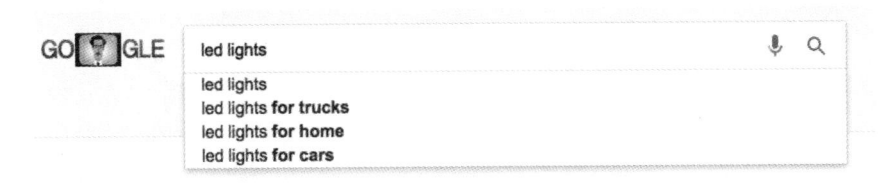

图 3-1 搜索引擎搜索框

1. 关键词的类型

（1）导航查询。

导航查询是指为了直接访问某个特点的网站而进行的搜索。在某些情况下，用户可能不知道具体的网址，这时搜索引擎就成为白皮书。

（2）信息查询。

信息查询就是为了寻找特定信息而进行的搜索。例如，天气、地图和

新闻,等等。信息查询的范围很大。这类查询不是以交易为目的的。

(3)交易查询。

交易查询是指以使用某种服务和产品为目的而进行的查询。但交易查询不一定和金钱有关。

2. 关键词的部署原则

关键词的部署原则:一般合理的关键词部署类似金字塔形。核心关键词部署在首页,每个页面最多不超过3个关键词,关键词避免页面相互竞争。比如一个建材类外贸网站,首页就要部署行业的核心关键词,"B2B building materials",将产品分类关键词"solar energy products"和"solar controllers"部署在一级栏目页和分类页面,将长尾关键词"who is the best building materials online shop"部署在文章页面上,如图3-2所示。

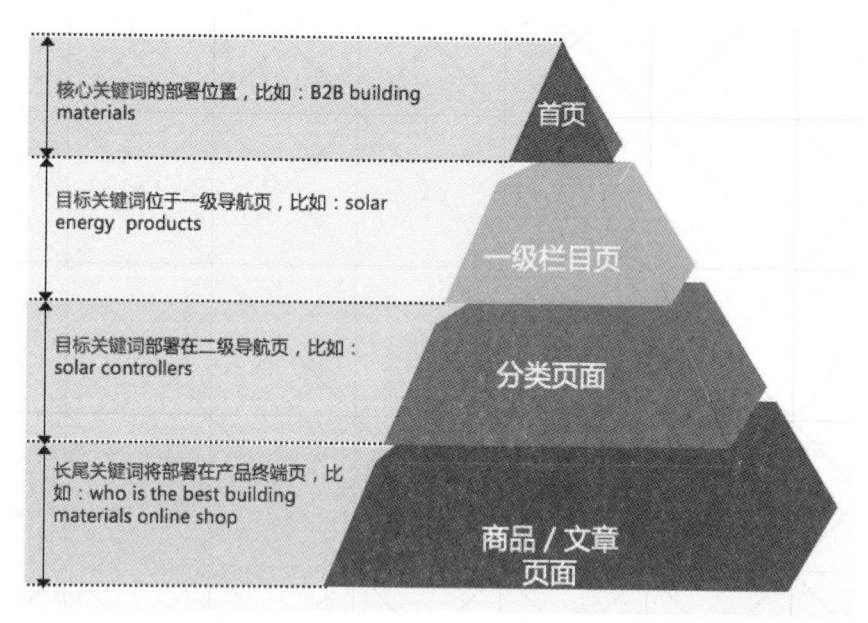

图3-2 建材类外贸网站关键词部署

3. 关键词部署策略

了解用户搜索习惯,建立用户的搜索关键词库;针对用户需求建立相对应的栏目及页面；通过大量的页面的关键词获取排名，从而获得流量，如图3-3所示。

图3-3 关键词部署策略

我们以联想笔记本为例来说明，我们通过关键词研究，可以将关键词分为"品牌/品类""品牌+分类""产品""评论""资讯"这几类，我们再将这些类型的关键词分别部署到对应的页面上。比如说，"联想Yoga笔记本"这个关键词属于产品的类型，我们可以将这个关键词部署在商品页面上。这样通过对全站的关键词进行梳理和细分，按照一定的规则批量部署在对应页面，可以获得大量的流量，如图3-4所示。

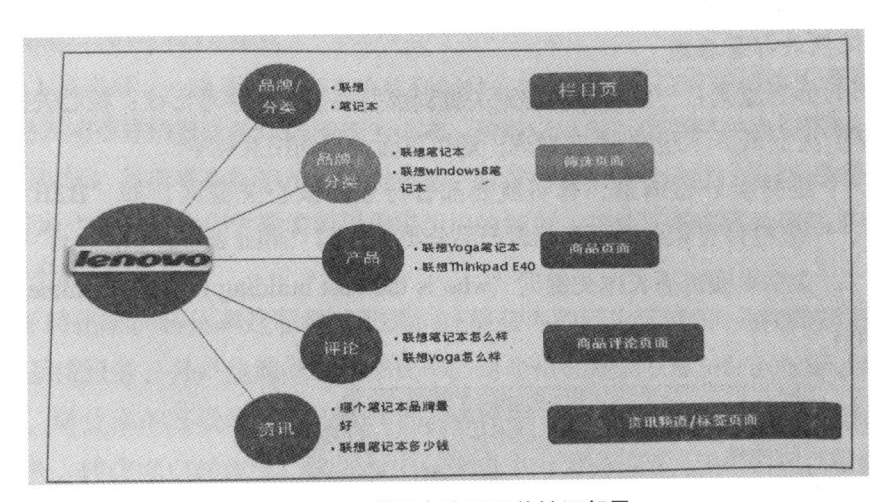

图3-4 联想电脑页面关键词部署

(三) SEO 优化基础

1. 标题标签（Title）的优化

标题标签告诉用户和搜索引擎一个特定网页的主题是什么。< title >标签通常放在 HTML 文档的 < head > 标签内，如：< title > LED Lights, Bulbs; LED Lighting Accessories | Super Bright LEDs </title >

（1）Title 标签的规则。

准确描述网页的内容；为每个网页创建独特的标题标签；标题必须包含当前最主要的目标关键词；尽量将主关键词安排在标题的前半部分；标题应该简洁明了，以不超过 60 个字符为宜；由两部分组成的标题，中间可以用","隔开，而不是其他符号。

（2）注意避免以下问题。

选择和网页内容无关的标题，使用像"Untitled"或者"New Page 1"这样的默认或者意义不清楚的标题；对网站的所有网页或者大部分网页使用同一个标题标签；使用既冗长又无用处的标题；在标题标签里堆砌不相关的关键词。

2. 描述标签（Description）的优化

网页的描述标签为搜索引擎提供了关于这个网页的总括性描述。网页的标题可能是由一些单词和短语组成的，而网页的描述元标签则常常是由一两个语句或段落组成的。< title >标签通常放在 HTML 文档的 < head > 标签内。

< meta name = " description" content = " LED lights, components and LED products including car bulbs, household bulb, light strips, accent lighting and more. All products are available for purchase online. " / >

描述标签是非常重要的，因为搜索引擎会使用描述标签来生成网友的摘要信息，如图 3－5 所示。

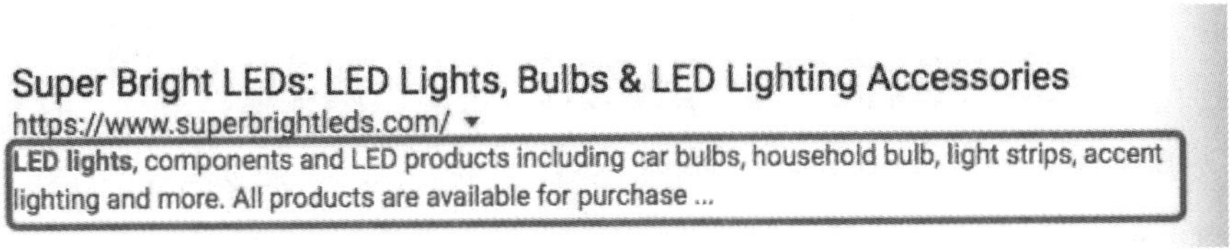

项目三　跨境电商网络推广

> Super Bright LEDs: LED Lights, Bulbs & LED Lighting Accessories
> https://www.superbrightleds.com/ ▼
> LED lights, components and LED products including car bulbs, household bulb, light strips, accent lighting and more. All products are available for purchase ...

图 3-5　描述标签

（1）描述标签的规则。

准确概括该网页的内容；为每一个网页创建各不相同的描述；描述内容字数控制在 80~100 个字符；内容中要包含页面中核心关键词；不可堆砌关键词。

（2）注意避免以下问题。

描述中要避免与网页实际内容不相符的内容；避免过于宽泛的描述，比如"led lights"。把网页的所有内容都复制到描述标签中；很多网页使用相同的描述标签。

（四）网站结构优化

1. 网站 URL 结构优化

URL 是对可以从网站上得到资源的位置和访问方法的一种简洁的表示，也就是通常说的网址，如图 3-6 所示。

> 🔒 Super Bright LEDs Inc. [US]　https://www.superbrightleds.com

图 3-6　网站 URL

URL 对网站被搜索引擎收录有着非常重要的作用，如果 URL 规则过于复杂，会导致页面难以被搜索引擎收录，进而直接影响网址的排名。

URL 结构是指网站中页面之间的层次关系。URL 结构分为树形结构和扁平结构。页面的 URL 规则是按照网址的频道和页面的层级来设计的，该结构为树形结构；页面的 URL 规则在设计时，将所有的页面都放在根目录下，打破了原有的层级结构，这种结构为扁平结构。扁平化结构相较于树形结构，更有利于 SEO 的优化，它打破网站的层级结构，便于传递权重，有利于终端页面获得排名。URL 结构图如图 3-7 所示。

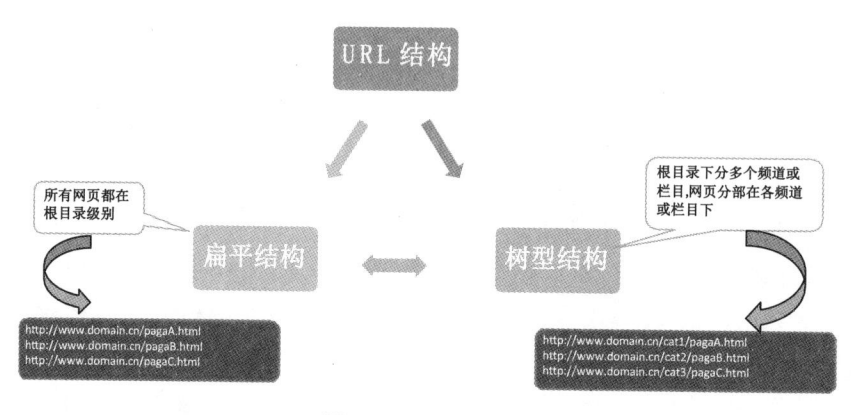

图 3-7 URL 结构

（1）URL 结构的规则。

在 URL 中使用单词，例如 "led-lights.html"；使用简单的目录结构；每个页面有且仅有唯一的可访问的 URL 地址；URL 的长度越短越好；URL 参数越少越好；如果是动态 URL，则要伪静态处理；URL 长度尽量控制在 80 个字符以内。

（2）注意避免以下问题。

URL 在设计中要避免使用无关参数和会话 ID；URL 要避免使用过度堆砌的关键字；URL 中不要包含与内容无关的文件名；不要在 URL 中使用大写字母，所有的单词全部要小写。避免多个 URL 地址可以访问同一个页面，比如，"www.domain.com/index.html" 和 "www.domain.com/index.html?from=home" 可以访问同一个页面。

(3) 电商网站的 URL 规则。

我们通常将电商网站的页面类型分为首页、频道页面、筛选页面、商品页面、评论页面等。

首页：首页的规范的 URL 为 http://www.domain.com/，但有很多网站的首页存在不规范情况，比如 http://www.domain.com/index.html，这样就造成了首页存在多个 URL 可以访问的问题。

频道页面/品牌页面：品牌页面 URL 规则可以用"brand-{参数}"的形式，比如：www.domain.com/pinpai-{参数}.html。频道页面可以只用"category-{参数}"的形式。{参数}可以是数字，也可以是英文单词。

产品页面：产品页面的 URL 规则可以用"product-{参数}"的形式。{参数}用数字来表示就可以，例如：www.domian.com/product-{参数}.html。

评论页面：评论页面可能会有两种类型：一种是评论的列表页面，另一种是评论详情页面。列表页的 URL 规则为 www.domain.com/review{参数}.html；详情页的 URL 规则为 www.domain.com/review{参数}-detail{参数}.html。

2. 网站导航优化

（1）网站导航的重要性。

网站导航可以帮助用户快速地找到他们想要的内容。它可以帮助搜索引擎理解该网站的内容，包括内容的重要性。

（2）合理地规划网站的导航。

根据网站的栏目和页面的重要性，来合理规划网站的导航。网站的导航包括网站的首页和全站通用的导航栏。网站的首页是用户访问最多的，也是用户检索和浏览该网站的起始点。网站的主导航也要合理规划，因为是全站所有页面都会调用的入口，如图 3-8 所示。

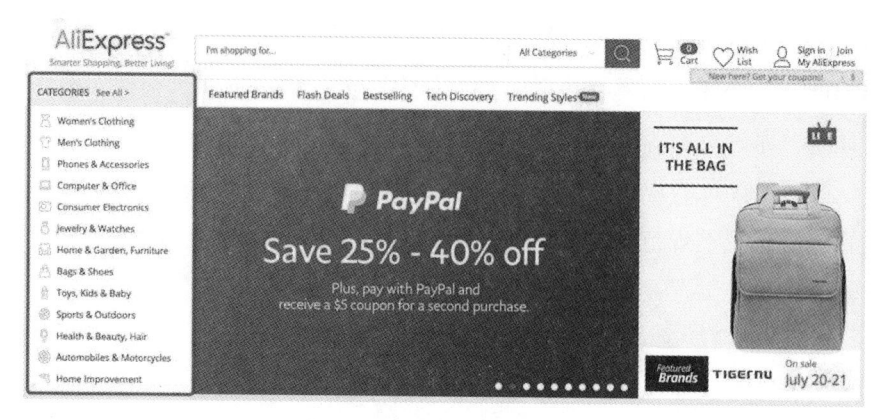

图3-8 网站主导航示例

（3）面包屑导航优化。

面包屑导航是指在网页的顶端或者底部放置的内部链接，它通常包括"首页＞一级频道＞二级频道＞详情页面"这样的层级结构。它是非常重要的关键词部署位置和搜索引擎对页面抓取的入口位置，同时它也可以提升用户体验，如图3-9所示。

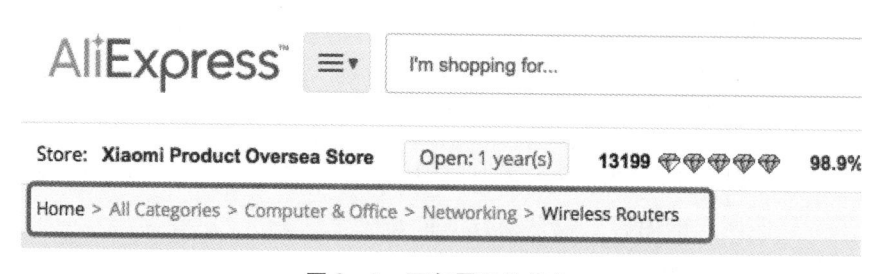

图3-9 面包屑导航优化

（4）网站地图的优化。

网站地图分为两种，针对用户展示的网页和针对搜索引擎的Sitemap的XML文件。针对用户的网站地图，将网站上所有的网页全部提供给用户。当用户在寻找某些内容时，可以通过访问网站地图来找到对应页面，如图 3-10 所示。

```
Apparel & Accessories
wholesale underpants boxer ,wholesale leopard blouse ,wholesale bra set ,wholesale men
boxer ,wholesale leopard bikini ,wholesale wooden buttons ,wholesale high waist
swimwear ,wholesale summer maxi dress ,wholesale mens harem pants

Beauty & Health
wholesale water transfer nail sticker ,wholesale slim patch ,wholesale eye massager
,wholesale nose hair trimmer ,wholesale nail strass ,wholesale eyeliner gel ,wholesale
silicone sex dolls ,wholesale proextender ,wholesale nail studs

Consumer Electronics
wholesale choseal ,wholesale digital audio converter ,wholesale lnb holder ,wholesale
kimber kable ,wholesale headphone extension cable ,wholesale 2rca ,wholesale lnb
bracket ,wholesale vga splitter ,wholesale optical audio converter

Food
wholesale tea puer ,wholesale da hong pao ,wholesale milk oolong tea ,wholesale puar
tea ,wholesale yunnan black tea ,wholesale maofeng ,wholesale v93 ,wholesale pu erh
,wholesale ginseng oolong tea

Automobiles & Motorcycles
wholesale t10 led ,wholesale elm327 usb ,wholesale led t10 ,wholesale w5w led
,wholesale launch creader vi ,wholesale key shell ,wholesale t5 led ,wholesale led
equalizer car ,wholesale peugeot key

Computer & Office
wholesale post card pci ,wholesale diagnostic post card ,wholesale pc diagnostic
,wholesale inverter lcd ,wholesale icd lamp ,wholesale monoprice ,wholesale roip
,wholesale gd900 ,wholesale universal inverter

Electronic Components & Supplies
wholesale cp2102 ,wholesale arduino mega ,wholesale lm2577 ,wholesale p10 led
module ,wholesale pl2303hx ,wholesale usb uart ,wholesale jumper wire ,wholesale smd
resistor ,wholesale led display module

Furniture
wholesale folding sofa ,wholesale double hammock ,wholesale folding wardrobe
,wholesale recliner leather sofa set ,wholesale canvas hammock ,wholesale leather corner
sofa ,wholesale lazy sofa ,wholesale double perachute hammock ,wholesale rattan swing
chair
```

图 3-10　网站地图优化

针对搜索引擎的 Sitemap 是一个 XML 文件，它将全站所有的文件罗列出来，提交给搜索引擎，便于搜索引擎对网站的抓取和收录，如图 3-11 所示。

```xml
<urlset xmlns="http://www.sitemaps.org/schemas/sitemap/0.9">
  <url>
    <loc>https://www.apple.com/</loc>
  </url>
  <url>
    <loc>https://www.apple.com/accessibility/</loc>
  </url>
  <url>
    <loc>https://www.apple.com/accessibility/ipad/</loc>
  </url>
  <url>
    <loc>https://www.apple.com/accessibility/ipad/hearing/</loc>
  </url>
  <url>
    <loc>
      https://www.apple.com/accessibility/ipad/learning-and-literacy/
    </loc>
  </url>
```

图 3-11　XML 文件

3. 内部链接优化

内部链接即超链接，指从一个网页指向另外一个目标网页的链接关系。网站的逻辑结构也就是由网页内部链接所形成的逻辑的或链接的网络图，如图 3-12 所示。

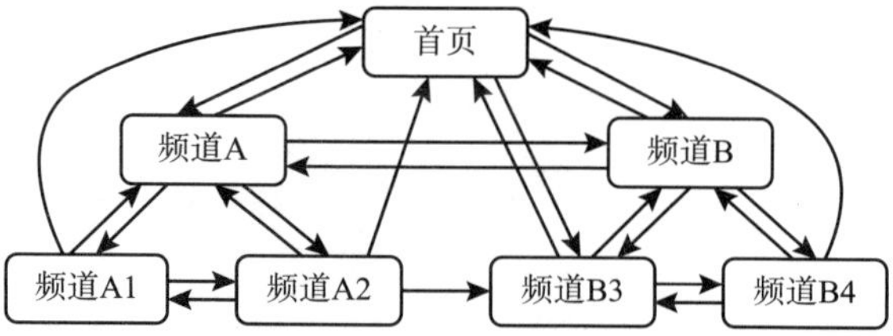

图 3-12 内部链接网络

（1）内部链接的作用。

①好的内部链接有利于搜索引擎找到所有网站页面。

②好的内部链接有利于网站页面的充分收录。

③好的内部链接有利于页面关键词的排名表现。

（2）内部链接的基本规范。

①内部链接中锚文本要尽量包含关键字，比如，< ahref = "/page/LED - Lighting - Supplier/" > LED Lighting Business Solutions </a >。

②内部链接模块避免链接堆积，每个页面链接要尽量不同，同时模块中的链接数量不宜过多。

③内部链接应使用 HTML 文本链接，避免使用 Flash、JS 代码做内部链接。

④内部链接的 URL 使用绝对地址。绝对地址格式为 < a href = "http：//www. domain. com/page/LED - Lighting - Supplier/" >，相对地址格式为 < a href = "/page/LED - Lighting - Supplier/" >。

（3）对于没有价值的链接添加 Nofollow 标签。不参与链接投票，以减少页面的权重的浪费和导出。例如：About，Help，< a rel = "external nofollow" href = "url" > about </a > 和 < a rel = "nofollow" href = "url" > help </a > 这样形式的链接。

（4）不友好的链接形式。

①搜索引擎不能读取 Flash 中的文字及链接。

②屏蔽了跟踪用户访问生成独特唯一的会话 ID，搜索引擎难以判断

Session ID 导致 URL 不容易被收录。

③避免使用 JavaScript，meta refresh 等不友好的跳转方式。301 是搜索引擎推荐的唯一可以传递页面权重的跳转。

④避免动态 URL 形式的链接，动态 URL 由数据库驱动网站生成带有参数的网址，通常不利于搜索引擎蜘蛛的抓取。

⑤避免链接至必须要登陆的链接，搜索引擎不能登录页面也就无法抓取内容。

（五）外部链接优化

外部链接与内部链接一样，都是链接的一种形式。只是区分维度是以链接的来源进行区分的，来自同一网站的是站内链接，而来自第三方网站的则是外部链接。外部链接是 Google PageRank 算法的核心基础，也是其他搜索引擎网站权重算法的核心基础，对网站的优化有着至关重要的作用。

1. 外部链接的作用

（1）提升网站在搜索引擎上的索引效率、更新频率。

（2）提高链接锚文本中的关键字，在搜索引擎上排名。

（3）快速提升网站在搜索引擎中的权重（搜索引擎信任度）。

（4）为目标网页带去一定流量，提升目标网页的整体访问量。

2. 外部链接的算法要素

（1）链接的关键词部署。

①含有锚文本。

②图片应该添加 alt 属性。

③链接周围的文本。

（2）链接的相关性。

①网站的相关性：美食网站链接到美食网站，即同行业的网站。

②页面的相关性：知乎网站（社区/论坛/新闻资讯）链接到美食网站，页面内容不相关。

③锚文本的相关性：锚文本的关键词指向的是我们网站的目标关键词。

（3）外部链接的位置。

①底部链接被降权处理，正文中的链接效果最好。

②建设外部链接的方法。

（4）友情链接。

①与同行业网站中排名较差的网站进行交换。

②与其他地区的同行业网站进行友情链接交换。

③友情链接交换论坛，例如，http：//bbs.tui18.com/forum - 21 - 1.html。

④行业论坛，例如：福步外贸论坛。

⑤QQ群：大家直接搜"友情链接""友链""外贸网站"。

（5）注意事项。

①基于优质外链的条件进行筛选。

②与自己网站权重匹配的网站进行交换。

③如果当前没有权重匹配的网站，就不能进行交换。

（六）网站内容优化

1. 提供高质量的内容

提供高质量的、对用户有用的内容是SEO中最重要的一个因素。用户很乐意于通过博客、社交媒体、论坛和其他方式向自己的朋友推荐你的网站。口碑效应会给你的网站带来更多的用户，同时也会提高网站在用户和搜索引擎中的排名。

2. 基于用户搜索来撰写内容

基于用户搜索来撰写内容，在写文章之前对关键词进行研究，根据关键词的热度和竞争度来撰写文章。比如，Google提供了Google Keywords Planner和Google Trends工具来查询关键词的热度。通过对关键词的分析，我们在关键词的选择上，尽量选择那些长尾类关键词，如图3-13所示。

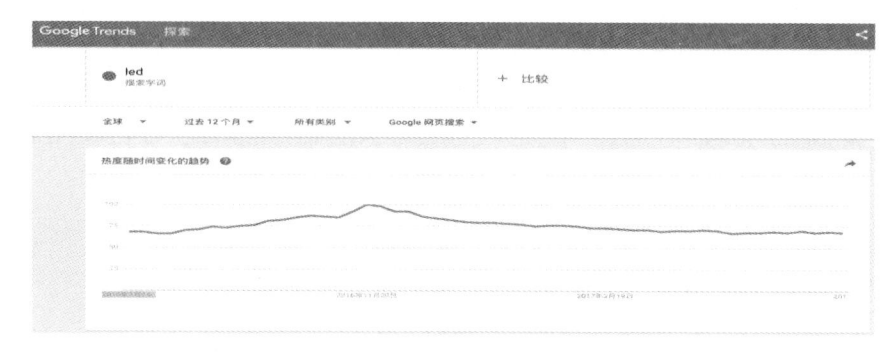

图 3-13 谷歌搜索

3. 文字内容浅显易读

用户更喜欢浅显易读的内容。注意内容要避免拖沓冗长,尤其是不能有很多语法和拼写错误。还有就是图片中的文字内容,用户无法复制粘贴,而搜索引擎也无法识别。

4. 文字内容结构清晰明了

有条理地组织网站内容是非常重要的,这样你的用户能够清楚地了解内容的起始顺序,便于他们找到对应的内容。但是需要注意的是,不要把大量不同主题的内容放在一起,却没有任何的分段、标识和层次的划分。这样不但会导致用户的混淆,而且会导致搜索引擎难以识别。

5. 提供独一无二的内容

你需要撰写独一无二的内容,确保没有抄袭其他内容。内容的原创性是对网站排名至关重要的因素,如果是抄袭的内容,一旦被搜索引擎识别为重复内容,则无法再获得良好排名。新颖的内容同时能帮助网站吸引更多的访客。另外还要注意,就是同一网站本身也可能会存在重复或者相似度较高的页面。

6. 给重要内容添加 <heading> 标签

Heading 标签又称 H 标签,从重要性来排序分别是"H1"到"H6",意思就是"一级标题"到"六级标题"。其中 H1 标签是最重要的页面元素之一,也是页面内重要的关键词,每个页面有且只有一个;同时,也应该相应地部署几个 H2 和 H3 标签。

< h1 class = " product – name" itemprop = " name" > English Version Xiaomi Mi WIFI Router 3 11AC Dual Band 2.4/5G 1167Mbps 128M ROM/RAM App Control External USB storage < /h1 >

三、Google Adwords 的理论与应用

（一）Google Adwords 的基本概念

Google Adwords 是 Google（谷歌）推出的搜索引擎广告系统。当用户每次在搜索引擎中搜索关键词时，Google 会针对关键词展示对应的广告内容。这种广告是按照点击次数付费的，即当用户点击广告时才会收取费用。这使得广告效果非常好，是目前最重要的网络广告投放渠道。Google 会对广告进行标注，在网址前标注"Ad"的即为 Google Adwords 广告。如图 3 – 14 所示。

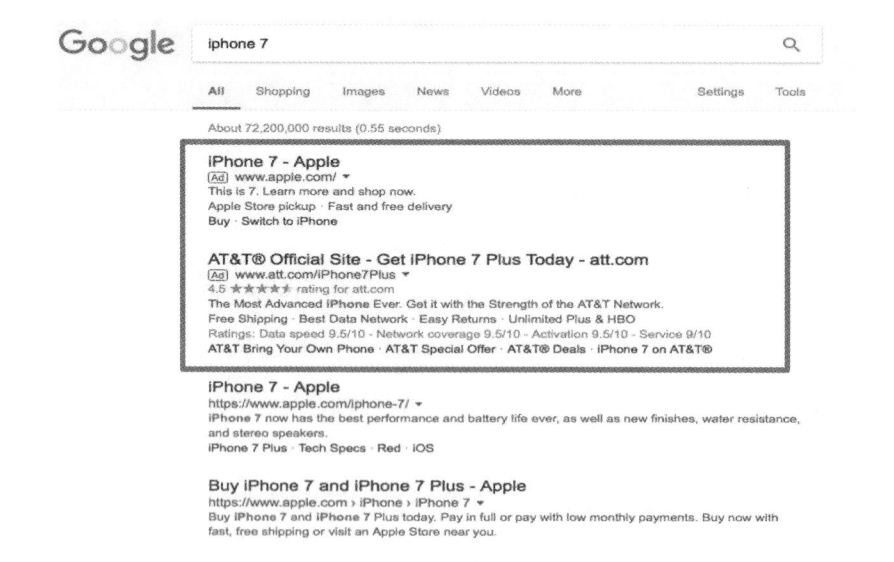

图 3 – 14　谷歌搜索

Google Adwords 具有以下几个特点：

（1）按效果付费。只有当用户点击你的广告，并访问了你的网站时，你才需要付费。而单纯的广告展示并不需要付费。

（2）目标客户精准。所有的广告均是基于用户搜索的关键词广告，当用户主动搜索时，即意味着有购买意向，因此目标客户较为准确。

（3）转化效果好。由于目标客户精准，相较于其他广告渠道，Google Adwords 是目前所有的在线营销渠道中，转换效果最好的渠道之一。

（二）Google Adwords 的使用

1. Customer Match

Customer Match 可以让你制作目标明确的广告，以把握适当的时机向最有价值的客户展示合适的信息。

（1）让你识别客户。上传电邮地址清单，例如已登记参加奖励计划的客户。系统会以安全的非公开形式，将这些电邮地址与已登入 Google 的用户配对，如图 3-15 所示。

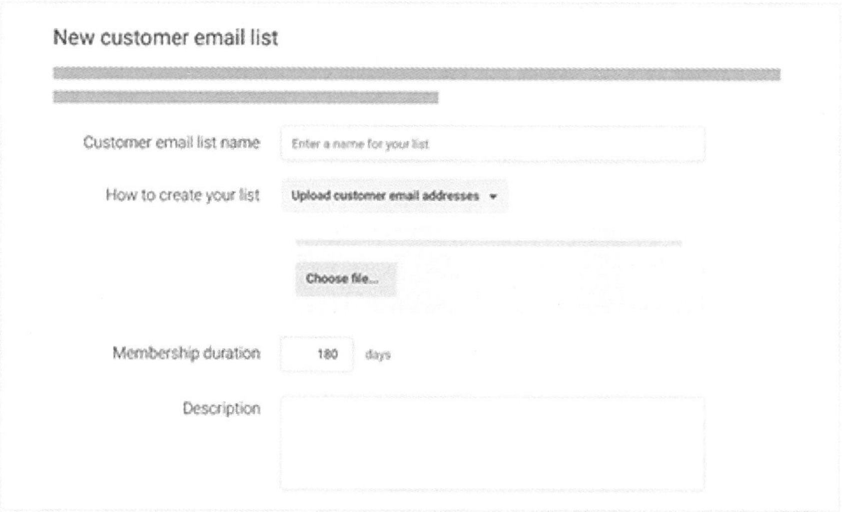

图 3-15　上传电邮地址清单

（2）建立广告系列。撰写别出心裁的信息以接触目标对象。举例来说，如果你是旅游品牌，便可制作广告，特别是在用户搜寻机票时接触他们，如图 3-16 所示。

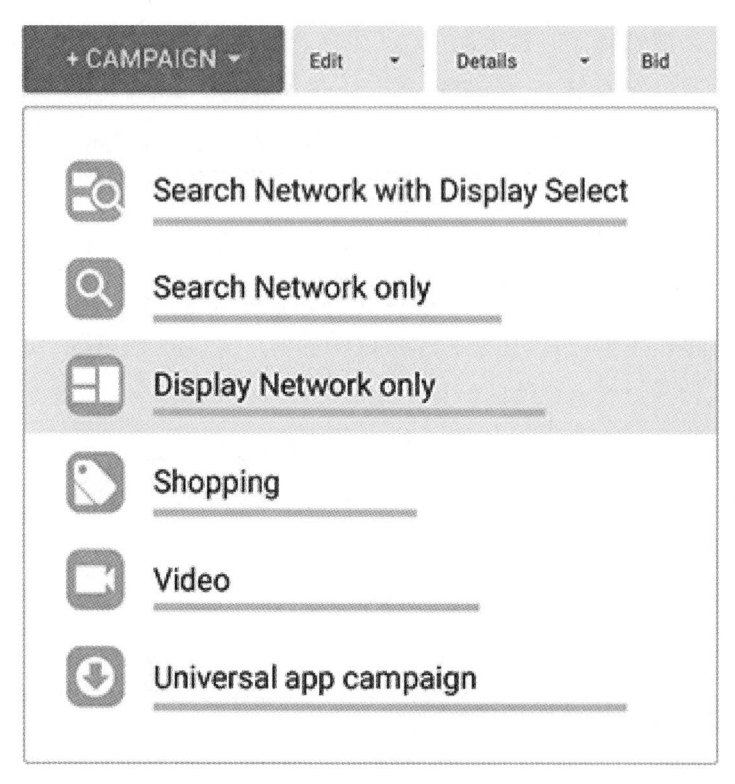

图 3-16 建立广告

（3）接触目标对象。除了接触最忠实的客户外，你还可以利用［目标客户配对］功能，识别可能对你的产品或服务感兴趣的［类似目标对象］。如图 3-17 所示。

2. Manager Accounts

Manager Accounts 把你所有 AdWords 账户全部集中一处。你可以集中在一个信息主页中，监察和管理所有 AdWords 账户，并使用跨账户广告系列管理和报告、存取权控制和综合账单等功能节省时间。如图 3-18 所示。

图 3–17　接触目标对象

图 3–18　管理员账户示意图

（1）即时存取账户。

统一录入数据，有助于用户节省时间。通过管理员账户，你可以连接由你管理的所有 AdWords 账户，并使用一组登入数据存取这些账户。你无需索取密码,只需取得权限即可连接账户。

一次查看所有账户。你可以管理个别账户和广告系列,或一次查看所有项目。亦可以使用账户标签组织账户、建立自动规则,并且设定快讯和电邮通知。你还可以更新每日预算,然后启用或暂停不同账户的广告系列,迅速采取行动。

授予存取权和控制权。管理员账户主要为规模较大的机构而设,让他们建立巢状副管理员账户,以便与其他管理员共享账户、授予新存取权,以及在用户角色变更时控制存取权级别。

(2)制作分析深入的报告。

①监察成效和分享报告。你可以轻易比较所有账户的成效,并执行关键字成效报告以及划分数据报告等。你甚至可以调整设定,让系统自动定期产生报告并以电邮传送给你。

②设定跨账户转换追踪。你可以使用一段转换代码,为多个 AdWords 账户追踪转换,从而制作更简单而有效的报告、追踪关键字、减少误算,并且加快网站加载速度。

(3)综合账单管理。

①精简账单。综合账单可让广告代理、经销商和大型广告客户轻松将多个账户的月结单合而为一。如果向客户收取广告放送费用,就要提供每月费用报告,显示各 AdWords 账户的活动。

②全面掌握广告预算。你可以通过管理员账户信息主页,查看所有客户账户的最新预算数据,并且轻松追踪需要缴费的账户。[广告预算]标签会显示相关的账单数据,帮助你追踪所有客户账户的开支。

3. Keyword Planner

Keyword Planner 可以帮助你选择合适的关键字以接触目标客户。利用 Keyword Planner 可以取得关键字建议,从而建立广告系列。

(1)发掘新关键字。

首先,搜寻与你的产品或服务相关的字词或词组。[关键字策划工具]会找出最切合商家的关键字,让你可以选择并加入到计划中,如图3-19所示。

Ad group (by relevance)	Avg. monthly searches	Add to plan
Flowers Online (22) flowers online, online flowers, send flowers o...	101,060	»
Send Flowers (20) send flowers, sending flowers, flowers to sen...	66,760	»
Deliver Flowers (16) flowers delivered, deliver flowers, delivered fl...	38,190	»
Cheap Flower (31) cheap flowers, cheap flowers delivered, che...	62,830	»

图 3－19　发觉新关键字

（2）比较关键字趋势。

除了估计竞价建议外，你还会知道关键字的搜寻频率和不同时段的搜寻量。这有助于缩小关键字清单的范围，并为目标关键字设定预算，如图 3－20 所示。

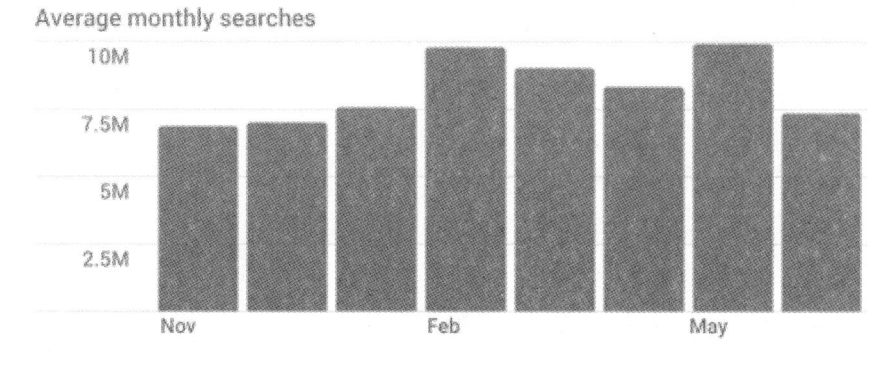

图 3－20　比较关键字趋势示例

（3）制订和共享计划。

有合适的计划时，你可以储存到账户中或与其他人共享，继而建立广告群组，并为各个关键字设定竞价，然后才启用广告系列，如图 3 – 21 所示。

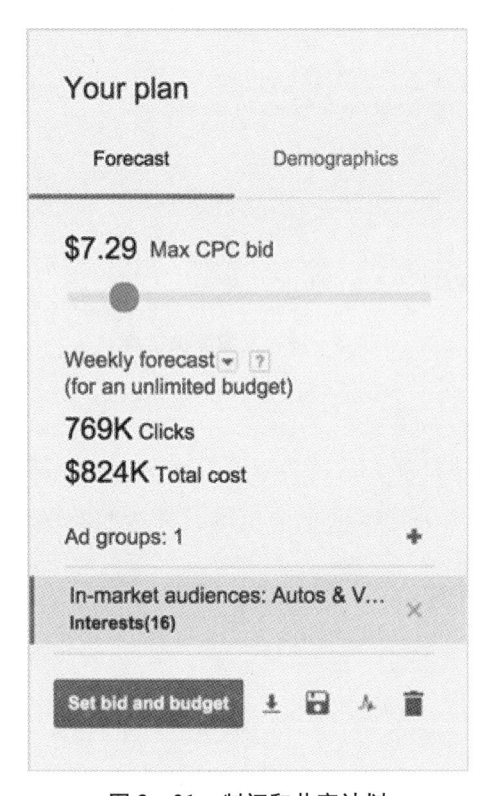

图 3 – 21　制订和共享计划

4. Display Planner

Display Planner 可以提供寻找接触目标对象的新方法。根据工具中的定位提议和预测数据，建立更有效的广告系列。

（1）发掘有助于接触目标对象的提议。

只需输入客户感兴趣和浏览的网站，［多媒体广告策划工具］便会为你处理其他事宜。系统会显示现成的广告群组以供使用，并就不同的群组提供性别和年龄划分数据，如图 3 – 22 所示。

项目三 跨境电商网络推广

```
Ad group

In-market audiences: Autos & Vehicles
Interests: Autos & Vehicles, Autos & Vehicles > Motor Vehicles, …

Use car for sale 1
Keywords: used cars for sale by owner used car classifieds, use…

Sites/Channels 1
Sites: rantcars.com, carsforsale.com, usedcars.com, cars.com, …

iOS Apps 1
Mobile apps: Cars.com (iTunes App Store), by Cars.com, 2 Car…
```

图 3－22　输入客户感兴趣和浏览的网站

（2）选择最切合你目标的提议。

用来查看各提议的预计成效，然后选择最切合广告系列目标的提议。［多媒体广告策划工具］会根据指定竞价和预算，显示点击、展示次数等即时预测数据，帮助你了解计划的潜在成效。如图 3－23 所示。

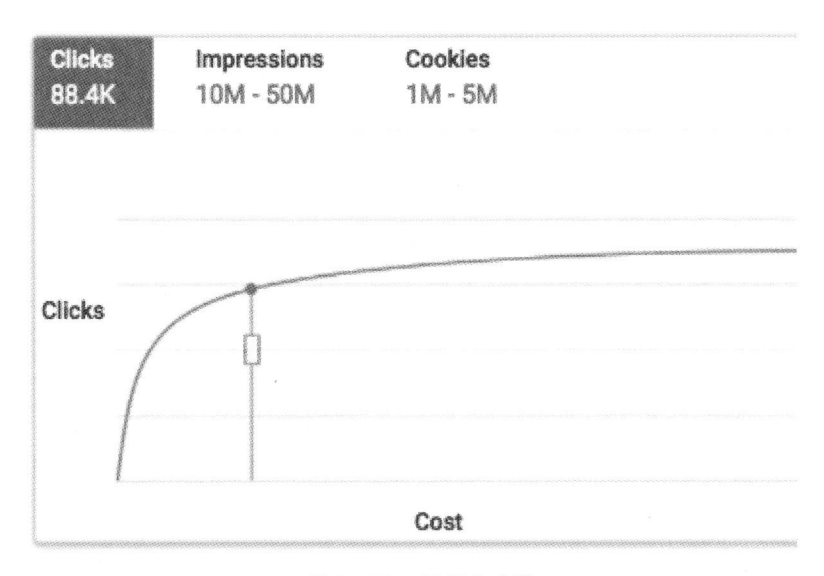

图 3－23　显示点击数

(3) 制订并分享你的计划。

加入提议后,你可以预览并将计划储存到账户。只需点击一下,即可迅速下载并与他人分享。一切准备就绪后,你便可套用计划并启用广告系列,如图 3-24 所示。

图 3-24 预览计划储存到目录

5. Adwords Editor

Adwords Editor 是管理大型 AdWords 账户的免费应用程序,如图 3-25 所示。

(1) 下载你的账户。

下载 [AdWords 编辑器] 和一个或多个账户后,即使离线也可以继续工作。

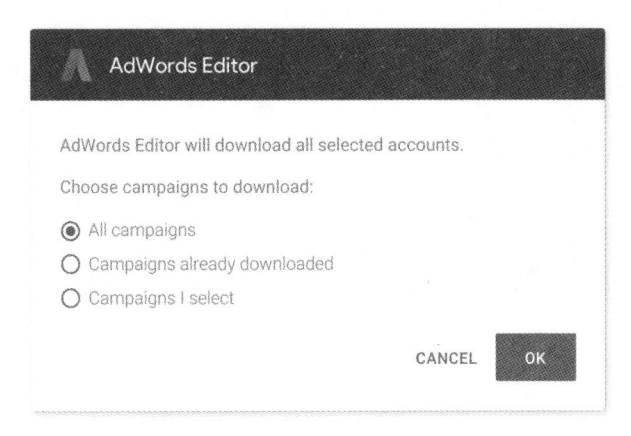

图 3 – 25 AdWords 编辑器下载

（2）管理广告。

通过大量编辑工具，你除了可以迅速对所有账户作出变更外，还可以在多个群组和广告系列中，搜寻和取代、复制和移动项目，并且复原或取消复原、变更多个项目。此外，还可以检查所有广告系列或特定子群组的统计数据。如图 3 – 26 所示。

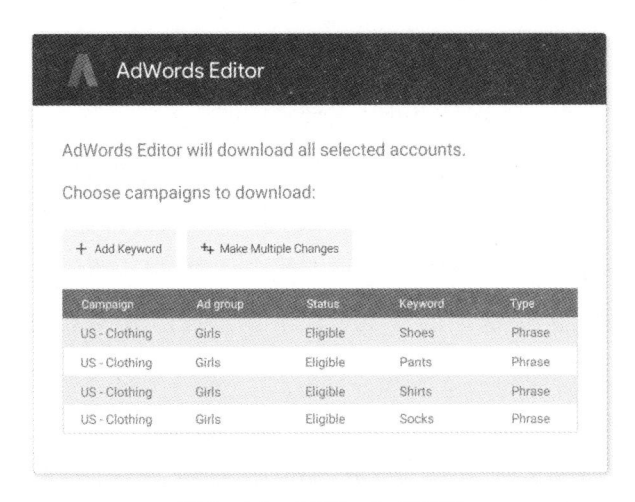

图 3 – 26 AdWords 编辑器

（3）上传文件或变更文件到所有广告文本系列中。

上传变更到账户前，你可以先行草拟，然后将档案导出或汇入以分享建议，又或者作出其他变更。如图3-27所示。

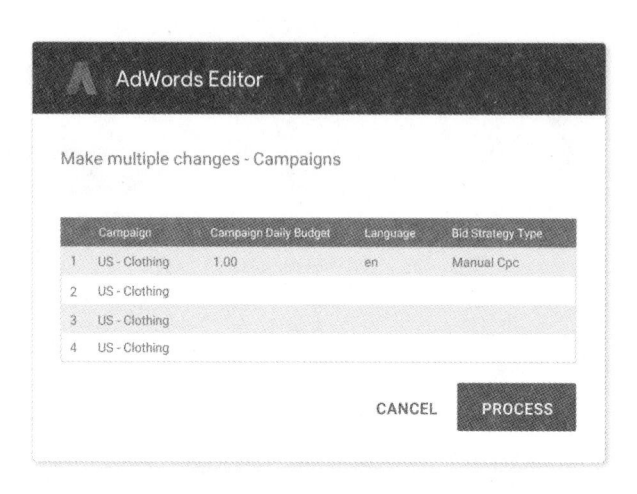

图3-27 上传变更并套用到所有广告系列

（三）如何提升 Google Adwords 的广告效果

1. 提升曝光率

首先，广告投放必须要想办法提升整体的曝光量，也就是所说的展示量。只有有了足够的展示量，才会有足够多的点击量和最终的转化量。这就好比一个养鱼的问题，鱼池太小，最终的收获也会很小。但是，曝光率并不是说我们可以无限制地去提升，它受产品和行业限制，这个限制就是你的用户所搜索的关键词的搜索量。下面，我们看一下如何来提升曝光量。

（1）关键词挖掘和部署。

建立一个足够大的词库，也就是鱼池，这是决定最后收获的关键。我们要通过挖掘详细的关键词、分析竞争对手，找到我们的目标用户所关心的所有的问题，即关键词。基于这些关键词和拓展的长尾关键词，建立一个庞大的关键词库。通常来说，这样的一个词库的规模在几万到几十万个词之间。

（2）修改关键词匹配模式。

不少用户为了"精准"，把关键词的匹配方式设置为精确匹配。但是在所有关键词投放的初期，必须先开启广泛匹配模式，这样才可以更好地进行测试，它可能会带来一些无关客户，但是也会发掘出很多我们在关键词挖掘的时候没有想到的关键词。

（3）提升关键词出价。

在投放广告前可以通过预览工具，或者是在投放的过程中，直接查看关键词广告的位置。如果广告位置不在前3名，你就必须提高关键词的价格，将广告尽量排至前3名，因为如果不在前3名的话，就很难有展示的机会。只有提高到前3名，从而获得展示位置，才能有更多曝光的机会。

2. 优化点击率

曝光意味着用户看到，点击意味着用户感兴趣，所以我们要想办法吸引用户来点击我们的广告，提升用户的点击率。另外，由于点击率也和你的最终出价相关，你提升了点击率，同样也会降低你的点击成本。决定用户点击的主要有两个因素，一个是创意，也就是我们所说的广告语，另一个是广告的位置。优化 Google Adwords 点击率，这里主要还是从广告创意方面来讲。

（1）突出特点和优势。创意中要突出你的产品和服务的特点，还有公司的优势等。

（2）突出促销、特价、优惠等具体信息。包含的信息越具体越好，要尽量避免一些无实质意义的语言。

（3）添加行动号召性的词语。

（4）针对同一个产品撰写多条不同的创意广告。针对每一个产品撰写多种不同的创意内容，针对不同的创意来做 A/B 测试，从而选择最好的创意广告。

（5）尽量多包含通配符。当创意中文本有关键词在搜索中匹配时，Google 对结果中的关键词会加粗显示，也会对点击率有明显的提升。如下图搜索 LED light 时，相关匹配关键词会被加粗。如图 3-28 所示。

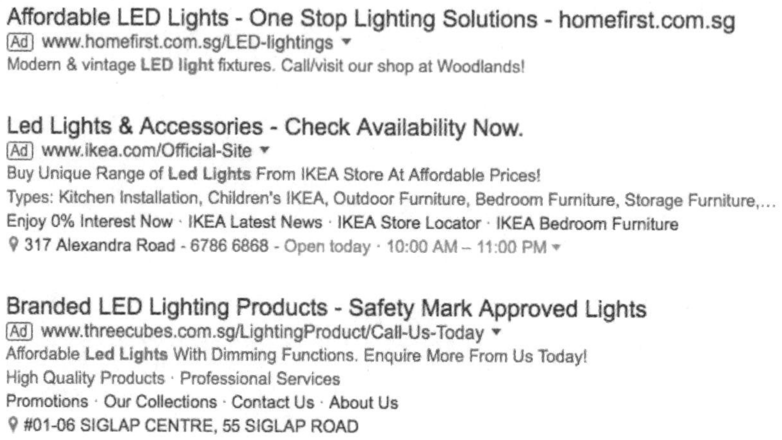

Affordable LED Lights - One Stop Lighting Solutions - homefirst.com.sg
[Ad] www.homefirst.com.sg/LED-lightings ▼
Modern & vintage **LED light** fixtures. Call/visit our shop at Woodlands!

Led Lights & Accessories - Check Availability Now.
[Ad] www.ikea.com/Official-Site ▼
Buy Unique Range of **Led Lights** From IKEA Store At Affordable Prices!
Types: Kitchen Installation, Children's IKEA, Outdoor Furniture, Bedroom Furniture, Storage Furniture,...
Enjoy 0% Interest Now · IKEA Latest News · IKEA Store Locator · IKEA Bedroom Furniture
📍 317 Alexandra Road · 6786 6868 · Open today · 10:00 AM – 11:00 PM ▼

Branded LED Lighting Products - Safety Mark Approved Lights
[Ad] www.threecubes.com.sg/LightingProduct/Call-Us-Today ▼
Affordable **Led Lights** With Dimming Functions. Enquire More From Us Today!
High Quality Products · Professional Services
Promotions · Our Collections · Contact Us · About Us
📍 #01-06 SIGLAP CENTRE, 55 SIGLAP ROAD

图 3-28　相关匹配关键词被加粗

3. 关注转化率

转化率的优化可以分为转化前和转化后两个阶段。

（1）转化前。

主要是针对广告着陆页的优化。广告着陆页必须要经过精心的设计。针对用户的需求，以及他们所关心的问题，设计出用户体验良好的页面。这样的页面才能有效地引起用户的兴趣。比如说，两个生产 LED light 公司的网站同时在 Google 投放广告，你会更加倾向于哪一家公司。

A 公司的网站设计得较好，有不错的用户体验，产品展示也更为清晰。如图 3-29 所示。

图 3-29　A 公司网站设计

B 公司的网站设计得比较过时，也无法看清照片，用户体验很差。通过这两个网站进行对比，你肯定会更倾向于选择 A 公司进行下一步的沟通和了解。如图 3-30 所示。

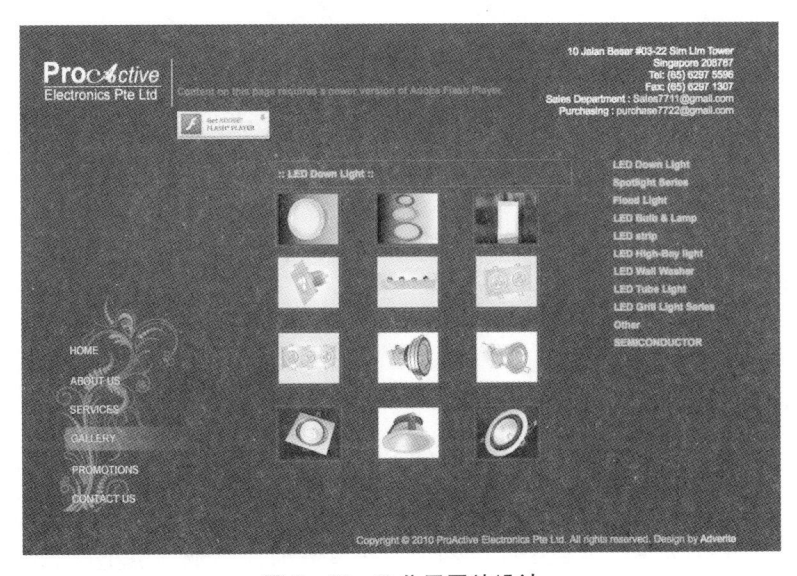

图 3-30　B 公司网站设计

(2) 转化后。

转化后,我们要结合 Google Analytics,对广告的效果进行评估。比如我们做 B2B,是希望客户询盘或者在线下单。我们可以通过 Google Analytics 设置一个可视漏斗转化图,将每个步骤设置一个目标,比如将用户点击"加入购物车"或"立即购买",将产品页面、注册页面、购物成功、付款页面等设置为目标,这样就可以了解用户转化过程中的所有行为,比如说,用户在哪个环节退出了,用户在哪个环节咨询了,用户在什么时候下单了,等等。如图 3-31 所示。

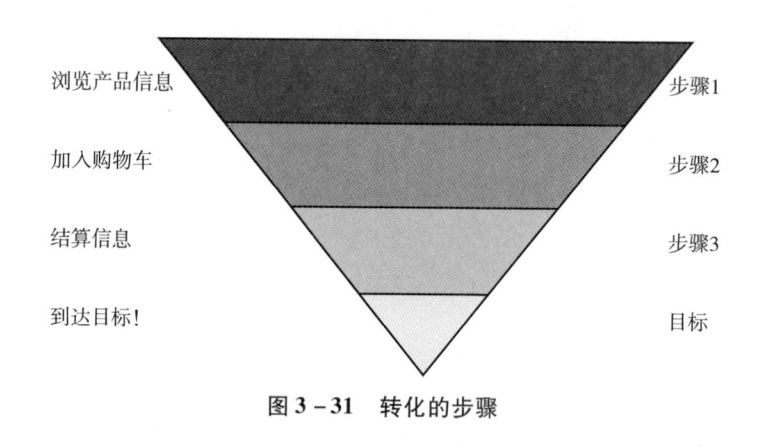

图 3-31 转化的步骤

四、Facebook 营销的理论与应用

(一) Facebook 深受欢迎

据艾媒数据中心统计,欧洲电商最爱用 Facebook 在线上推广自己的产品,同时 Facebook 在欧洲网络零售商中也是一个非常受欢迎的社交媒体。

德国比价搜索引擎公司 Idealo 研究了每个行业里不同社交网络的普及程度,结果显示,Facebook 是迄今为止最受欢迎的社交网络。Facebook、Twitter 和 Google + 经常被全品类网络零售商和时尚行业、电子产品零售商使用,但是在汽车行业,Facebook 的使用频率高于 Twitter 和 Google +。

从 2021 年 1 月 9 日《欧洲电商新闻》的报道中了解到，这些网络零售商使用社交媒体的目的各不一样。有些人用来发布产品信息、折扣信息或者一些小贴士，而 B2B 供应商则给自己的分销商提供产品供应信息。该公司还研究了英国、法国、德国、西班牙、意大利和波兰的网络零售商的情况。在六个国家中，Facebook、Twitter、谷歌+和 YouTube 是网络零售商最常使用的四个社交网络。在德国和波兰，博客是第四流行的平台。德国一半在线零售商依赖博客，它被用于不同的目的。

（二）Facebook 的运营策略

1. 创建企业页面

创建一个页面是开展 Facebook 营销的第一步，也是至关重要的一步。

（1）Facebook 的页面分为 Local Business or Place、Company、Organization or Institution、Brand or Product、Artist、Band or Public Figure、Entertainment、Cause or Community 几大类，企业一般都会选择 Brand or Product，即产品或服务。选好页面后，就需取个可以体现公司特点和能够吸引人的名字了，可以是公司的名字、品牌的名字，也可以是产品的名字。但需注意的是，所起的名字需要和页面内容相符。如果希望增大用户在搜索栏搜到公司页面的可能性，建议最好是根据产品来取名字，就和做 SEO 选取关键词类似。

（2）关于专业信息的填写，根据产品信息将其填写完整即可，这些信息必须包括公司或品牌的基本描述信息、官方网站、联系方式及创建信息等。

（3）需要做一些如欢迎页面、Poll 投票、FBML 静态页面等应用程序的加载。

（4）企业专页准备就绪后，就可通过 Facebook 官方网站的插件将其添加到网站上。

2. "粉丝"的拉新留存与"粉丝"互动

（1）Rich。

Rich 点击"粉丝专页"是 Facebook 的任务控制中心，所有品牌相关的 Facebook 行销活动都会连到这里。尤其在加了动态时报（Timeline）后，不仅可以放置更具代表性的封面照片，还可把重要内容置顶。同时，后台的分析数字会让大家更及时地知道哪些内容比较受"粉丝"喜爱。

（2）广告（Sponsored stories）。

如果企业想吸引更多的"粉丝"加入，可选择一则专页上的内容将其设定成广告，并决定这则广告的目标族群是谁，例如只显示给还不是"粉丝"的人。广告的内容除了是你原本设定的内容以外，还会将朋友跟该"粉丝"专页的互动也显示出来，这种类型的广告可以帮你触及"粉丝"数 3~5 倍的会员，即让品牌跟人的距离更加拉近。

（3）外挂（Social plug-in）。

这种方式较适用于网站上已有固定流量的品牌，比如在购物网站上就可以看到哪个朋友也喜爱某件商品，或是哪些朋友已经加入"粉丝专页"。能引起互动的内容以影片为首，其次是照片，最后是纯文字形式。周末或假期的时候更新的专页信息会更多一些。

3. Facebook 营销推广策略

（1）使用 Facebook 的插件。

现在在很多网站都可以看到直接用 Facebook 来登录，产品详情处还设有 like 或者 share 的按钮，这些都是 Facebook 提供的插件，有利于用户快速地进行购物（如图 3-32 和图 3-33 所示）。

图 3-32 Facebook 登录

图 3 - 33　Facebook 分享

（2）多用图片和视频。

图片和视频的 reach rate 远高于单纯的 text 到达率。使用图片能增加 120% 的参与度，如果是多图上传包括相册图片，这一比例会提高到 180%。据统计，字符在 250 个的能得到 60% 的参与度，如果字符在 80 个的话，就可以得到 66% 的用户的参与，所以答案不言而喻。

（3）选择最优时间发帖。

在正确的时间发表帖子，无疑能让更多的人看到，所以你需要借助你平常的观察，看看在哪一个时段发布会比较好。或者你可以利用工具，如 Facebook insight 进行查看，哪些帖子在哪个时段是比较受欢迎的。如图 3 - 34 所示。

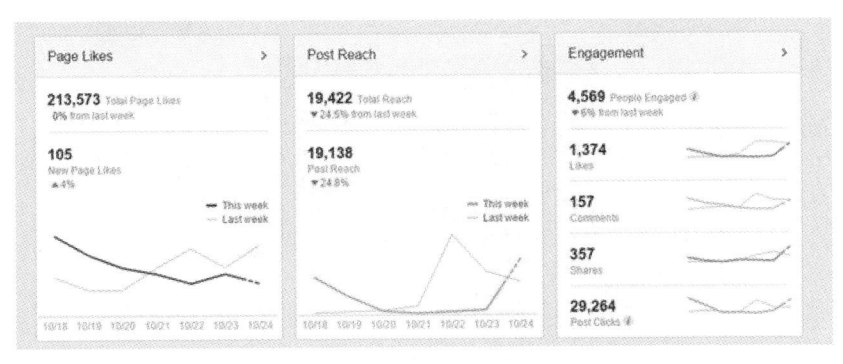

图 3 - 34　不同时间段发帖欢迎度查看

除了内置的 facebook insight 工具，还有一些常用的工具，比如 Hootsuite、Sprout Social 以及 simplymeasured，它们能帮你查看很多有用的数据，比如什么内容星期几发布最好，什么时段、什么关键字最受欢迎等。

（4）预设帖子更新。

目前 facebook 日活跃用户已经达到了 10 亿用户，你的帖子必须保持足够的活跃度，这样你才可能吸引更多的用户，所以预设帖子就很有必要了。在更新帖子时需要注意：使用表情符号能增加 33% 的评论，帖子分享量也会增加 33%，同时增加表情符号比那些没有增加表情符号的帖子要增加 57% 的点赞数量；提问的同时能获得更多的评论量。

（5）利用已有的社交渠道。

在你的网站显眼的位置放置你已有的社交渠道，你要告诉你的客户，你已经有其他的社交渠道，并开设了社交账号，这样他们就能直接点击链接到你的其他社交平台上，从而更直接地和你在社交平台上进行互动。如图 3-35 所示。

图 3-35　利用已有的社交渠道

（6）在 Facebook 上做广告。

这是一个相对便宜和简单地做广告的方式。成本大约为 15 美元一天，可以用低预算的广告测试效果。

（7）在 facebook 上做活动。

通过 facebook 的 contest 可以吸引到很多的用户，同时做活动也能给你的 Facebook 页面带来很高的参与度，这样就能增加你页面的质量得分。类似于"call to action"这样的描述要比那些没有的帖子高出 5.5 倍的参与度。

（8）使用@标签。

在社交平台上，每一个人都想成为焦点，如果你在很多人中被@，那种心情一定是不一样的，所以适当的使用@标签能拉近"粉丝"与页面的距离。

五、YouTube 营销的理论与应用

（一）YouTube 视频营销基本理论

除了和 Facebook 等互联网营销有着众多相同的优势，例如，成本较为低廉、传播速度较快、强大的搜索功能、容易形成买家效应之外，YouTube 还有着自身独特的优势。

由于 YouTube 已经被谷歌收购，在同一关键词下，显然 YouTube 链接排名更靠前，从而更容易提升 SEO 排名。视频本身也有着先天的优势，企业可以通过详解展示产品，比图片更容易吸引买家关注。同时 YouTube 有着相当强大的关键词搜索能力。只要访客输入关键词，所有相关视频就会显示出来。最主要的是，这些视频是不按时间排序的，因为 YouTube 推广有着很长的有效性。

（二）YouTube 视频营销的内容策略

YouTube 的营销推广并不是在所有的行业都能起到很好的营销效果。

据统计，计算机、通信、消费类电子产品，以及化妆品、服饰等女性用品和一些新奇产品推广效果较好。一般来说，针对企业营销，视频分为三种：产品介绍（分为产品详解和使用教程简解）、产品亮点和使用评论。

1. 视频需要创意，内容要精悍

清晰的画质、完美的本地发音和详尽的产品介绍是好的营销视频基础，让访客对视频的专业性产生信服感。同时视频需要拍出自己的风格，最好要有创意。创意较难把握，需要企业结合自身产品经过较长时间的探索。

2. 视频的长短

企业应该合理控制视频长度，一般以短视频为宜。另外，要随时监控视频的评论，把握评论的舆论导向，如果视频出现较多的负面评论，企业需要考虑如何优化评论或删除视频。

3. 视频更新

更新视频的频次要高，企业最好定时发布新的相关视频，并根据浏览量的多少和评论的数据，合理调整视频的内容。

（三）YouTube 视频营销运营策略

1. 制作频道介绍短片

许多 YouTube 频道在页面顶部会有一个介绍短片，访客到来时会自动播放。你也可以截取过去的视频短片中较精彩的部分拼接在一起，制作一个花絮或预告型的介绍视频，放置在首页展示，让新访客快速了解你的频道主旨，以判断是否对你的主题感兴趣。

2. 想一段有趣的广告词

不论是企业家、导演、编剧，还是演说家，常常会低估"电梯游说"的效果，YouTube 视频的创作者也不例外。

你可以在视频的简介部分、结尾部分等加上广告词，进行简单的频道介绍。大多数 YouTube 网红会在视频结束后说一句"欢迎大家订阅"的广告语，但这种做法远没有在视频中植入软广告的效果好。广告词一般不用很复杂,多为简单预告及欢迎订阅的内容,比如视频主播常常会说:"我通常在每周五晚上 8 点发布视频,下一个视频将介绍逗笑自己的 15 种方法。"这样就简单概括了频道的信息,吸引感兴趣的新观众订阅。

3. 制作主题一致的视频缩略图

视频缩略图与主题内容要保持一致性,因为这会让你的频道看起来条理清晰。虽然 YouTube 允许用户选择视频中的画面作为缩略图,但相比之下,自己设计会更好。你可以使用免费(Canva)为每个视频制作独特的缩略图,要注意确保所有视频的缩略图在风格上的流畅性和一致性。

4. 与同类受众群的 YouTube 视频发布者合作

YouTube 视频发布者间相互合作的案例并不罕见,这有点像微博大 V 之间的互动,相互吸引流量的同时,还会碰撞出不一样的内容火花,这是吸引全新观众的绝佳方式。

5. 蹭"热点"获取关注

蹭"热点"是所有社交网络推广的重要方式之一,自然 YouTube 也不例外。你可以考虑制作一些与热点新闻、名人、流行趋势相关的视频,因为这些新闻已经有了一定的受众,能为你吸引到新的订阅量。

以下是常见蹭"热点"视频制作方式:

(1) 视频中使用现在流行的歌曲。

(2) 视频中模仿、讨论流行的事或物(如 Pokemon Go 或指尖陀螺)。

(3) 在视频中回应其他热门视频创造者。

(4) 对热门视频做出反应、模仿、评论等。

(5) 对热门新闻发表自己的想法、观点等。在合适的时间发表这类帖子,能接触到一些原本不关注你的视频的人,将他们引导到你的频道。

(6) 在受欢迎的社交平台分享视频。视频制作者可能已经意识到可以把视频分享到 Facebook 或者 Twitter 这种受欢迎的热门社交平台上。但是否还探索过其他在线社交社区,特别是视频受众"驻足"的社区?Reddit、论坛上都有可能存在欣赏你视频的受众。当你要把视频发布到其他子板块,或者 Facebook 群组时,需要按照视频内容的相关性发布,有效投放，而不只是考虑社区影响力的大小。

发布视频的同时还要让人们清楚地知道你是谁，是做什么的（可以使用你在 YouTube 上的介绍短片），并且最好能记住你。对于社区用户群体来说，因其本身的兴趣集聚属性，社区用户非常注重社区讨论主题的一致性，所以还需要确保一开始发布的内容具有足够的价值性和相关性。当然，发布的视频越多，用户就越有可能订阅，这为他们提供了追随你的理由。

（7）创建播放列表。播放列表是用户整理 YouTube 播放内容的好方法。这些列表将有机会出现在 YouTube 的搜索结果中，当然名字很重要。一般可以使用 Keywords Everywhere Chrome 拓展程序查看各种内容的月底搜索量，选择热度较高的关键词嵌入你的名字中，并给你的播放列表取个好名字。

如果创作者可以保障有足够的内容，请考虑将它们组成播放列表，这种做法可以有效地将视频进行分类，而且能选择下一个播放给观众的视频，而不是随着 YouTube 自动播放其他创作者的视频，这样可以把用户的注意力牢牢地都集中在属于你的作品上。你可以从播放列表中直接分享视频链接，这样一来，观众看到的所有视频都来自你的频道。

（8）使用 YouTube "资讯卡" 推荐其他视频。YouTube 关闭了注释功能，而注释功能可以把观众引导到其他网页，此举引起了很多创作者的不满。于是 YouTube 推出了"资讯卡"，相当于强化版的注释功能。所以，一般可以使用这些卡片在视频中推荐其他视频、播放列表或者能获得更多观众观看的特定视频。

（四）YouTube 视频营销推广优化策略

YouTube 是很多外贸电商的社交流量来源之一，而且潜力巨大，这已经不再是个秘密。但随之而来的问题就是，YouTube 是个很拥挤很嘈杂的地方，据 YouTube 官方博客统计表明，每分钟有超过 100 小时等量的视频上传。考虑到内容的泛滥性与竞争的激烈性，如何让自己的视频在千千万万的视频内容竞争中脱颖而出，是一个很关键的问题。你怎么让大家看到你的视频而不是看其他的千万个视频呢？

项目三 跨境电商网络推广

答案是视频推广优化，也就是我们说的视频 SEO。就 YouTube 而言，先判断一下影响 YouTube 视频排名的因素都有哪些。图 3－36 是 Tag SEO 发布的一个比较全面的信息图表排名因素。

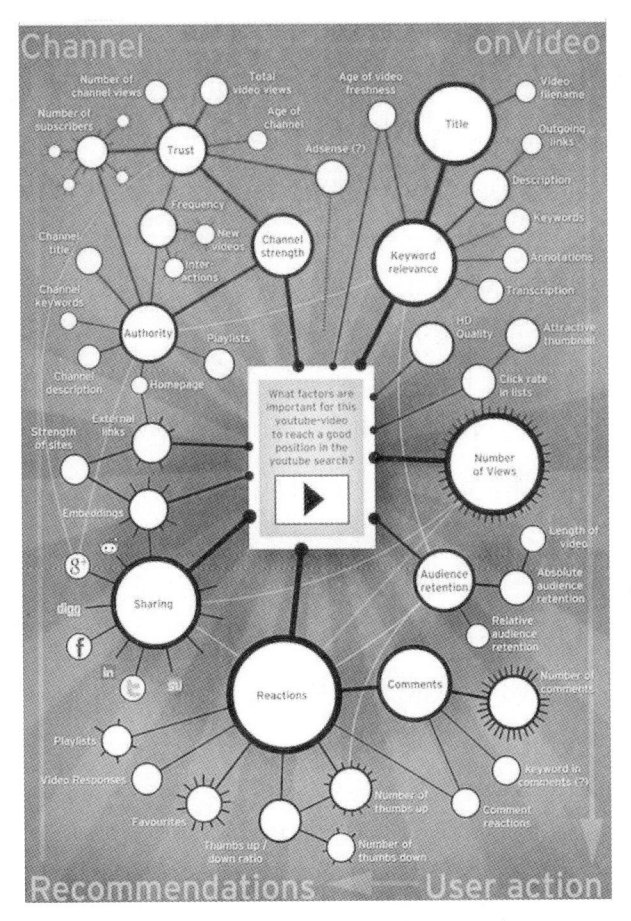

图 3－36　TagSEO 信息图表排名因素

从图 3－36 中可以总结出如下几个因素：

（1）标题和标签的信息；（2）用户停留时长；（3）描述内容中的关键词标签；（4）视频长度；（5）观看视频后有多少用户订阅；（6）评论数；（7）赞和踩的数据。

想在千千万万的视频内容竞争中脱颖而出就需要围绕这些小因素来优化你的视频。除此之外还有一些推广优化策略。

(1) 互动性内容制作和分析。

如果你的目标是得到很多的观看次数,那就必须保证你的视频有互动性、信息量大,且展示时间较短,最重要的是要让用户有分享的冲动。在YouTube后台你可以清楚地看到你的视频分析、视频的观看次数具体是从哪几个方面产生,如从外部网站、新闻站点嵌入播放、YouTube站内搜索、YouTube频道页面、YouTube推荐、谷歌搜索、YouTube广告等渠道。通过这些分析来判断你的受众偏好与来源,从而有侧重地去调整自己的营销重心。

(2) 一个有味道的标签和Title。

标签很重要,标题更重要,这也是我们在SEO优化技术中提到的TDK,中国人对于标题的写法和外国人的写法总是有一些差距,但都需要注意的是视频标题前半部分必须突出重点。由于YouTube无法判断视频内容并进行排名,所以标签就是与视频联系非常重要的文字内容,所以千万不要随便写,一定要精确地写出最相关的标签。

由于很多人在购买"虚假观看次数",所以YouTube不再根据观看次数这个条件来把视频推送到首页,而是以"观看时长"为最大的判断特点,这也说明视频内容的重要性。

(3) 影片内置字幕。

标签和标题是视频优化中很重要的内容,影片内置字幕也是YouTube判断视频好坏的标准之一,通常有字幕的视频的排名更好,因为可以获得更好的用户体验。所以在制作视频过程中可以找第三方帮忙编辑视频或者用软件加上字幕。

(4) 注释行动号召按钮。

行动号召按钮属于注释的一种,注释虽然会延长用户的观看时间,但是要注意的是,注释放置在视频内容的位置要精确和合理。如果放置不当或者过多(建议出现5~7秒时长)就会让用户厌烦,从而跳出视频观看页面。

无论是 PPC 广告，还是 EDM，还是专区，又或者是视频，无一能脱离行动号召按钮。因为你的视频官方页面也需要有订阅用户，订阅用户越多意味着热度越高，所谓的 YouTube 红人就有很多的订阅用户。

（5）在社交网络或者论坛放置视频链接。

有一种行之有效的推广方式是把有用的视频都放在社交网络或论坛上。这些视频若能很好地解决问题，必定会有人继续传播或者扩散你的视频。而且你在论坛中放置一些第三方的链接，版主或者管理员不会随便删你的留言或者 post，还可能引来很多的关注。

【任务分解】

任务五　邮件营销

在遭遇全球危机的浪潮中，LED 灯具行业消费环境萎靡不振，但某 LED 公司却能独树一帜，保持销售额的稳步增长。除了过硬的产品质量和行业信誉外，更是采用了高效的 EDM，使销售得以保障。

David 过去虽然也进行过简单的营销工作，但没有进行过大规模的邮件营销。因此 David 找了一家专业的邮件营销公司来提供帮助。这家公司经过专业的分析和比较后，给 David 所在公司量身定做了一套邮件营销解决方案。他决定首先从客户细分着手。

一、客户细分

为了能够更好地解决该公司存在的问题，特决定从以下步骤来完成客户细分。

步骤一：新客户的拓展，邮件列表获取。

由于 David 公司的客户列表数量有限，而且都是老客户，直接进行推广效果不好。因此，他们首先要拓展更多的客户列表，主要从两个方面着手来获得新的客户列表。

根据黄页网站，直接寻找目标客户群，在其官网上获得公司邮箱。通过这种方式，公司获得了近1万邮件列表。

邮件营销公司直接提供了大约50万海外公司的列表，但是这些列表存在一个问题，就是客户群不是很准确。因此，David进行了三次测试推送，推送的主题是一个促销活动以吸引客户来登记信息。通过这样的方式，他们又获得了大约1万+的客户列表。

步骤二：客户生命周期细分。

客户生命周期细分是指对客户进行分类，分成A、B、C、D和F五类客户。

A类客户——最近一年内交易过的客户。

B类客户——有较强需求，咨询过但是未交易的客户。

C类客户——老客户，但是最近的交易是1年以前。

D类客户——有需求，咨询过，或发现新成交意愿的客户。

F类客户——无效客户。

针对这些客户制定了不同的营销策略（见表3-1）。

表3-1　　　　　　针对不同客户的不同营销策略

客户类型	营销策略
A类客户	进行一定程度的内容定制，每月推送营销活动信息
B类客户	每月推送 如果两个月没有转化，转入D类客户
C类客户	每周推送 如果两个月没有转化，转入B类客户
D类客户	每月推送
F类客户	放弃，不再联系

二、内容策划

在进行客户细分之后,需要对内容进行策划,进而更好地推广,具体的内容策划步骤如下。

步骤一:邮件内容升级优化。

过去的邮件内容只是单一的产品目录,现在对整个邮件内容进行了全面的升级。加强了活动类型的内容,同时增加了对客户表示关怀的邮件。除此之外,在邮件的内容设计上也是别出心裁。在邮件中,品牌的字样会显眼地放置在邮件的顶部。每封邮件都会放置一个直接跳转至官网的链接和官方 Facebook 的链接,引导用户点击。每逢节日或会员生日,均会用邮件送出礼包及积分换购信息,并提供 VIP 包邮服务,广受会员好评。同时使得邮件的打开率有明显的上升(见表 3-2)。

表 3-2　　　　　　　　　不同内容类型的推送频率

内容类型	推送频率
产品目录	每 3 个月
促销活动、特价活动	每月至少 1 次活动策划,或根据实际情况来推送
节日问候	重要节日和生日进行推送

步骤二:采用专业的 EDM 系统。

由于邮件列表大幅增加,推送邮件的频率也有所增加,普通邮箱已经无法满足使用需求,经常会发送失败或者被屏蔽,所以采用了 EDM 公司的专业系统,以提升邮件的到达率。最终,David 通过与 EDM 公司的合作有效地提高了公司的销售额和客户的品牌忠诚度,如图 3-37 所示。

图 3-37 专业的 EDM 系统

三、数据追踪分析

在引入 EDM 公司之前，David 的公司也存在邮件营销，但是这种邮件营销是一种非常简单基础的影响方式。我们先来看一下前期数据：

（1）邮件客户列表数量：1 万+。

（2）推送周期和时间：每月固定推送公司最新的产品目录。

（3）邮件打开率：0.2%。

对此通过数据可以发现，David 所在公司的邮件营销存在非常严重的问题：

（1）邮件列表数量过少，主要都是过去累积的老客户。

（2）推送内容和周期过于单调及低频。

（3）邮件打开率低，说明缺乏吸引力。

（4）缺乏对老客户的维护，老客户的维护不能只是简单地推送产品目录。

（5）没有对新客的拓展。

针对这些问题，David 与 EDM 公司经过讨论和沟通后，决定对整个 EDM 系统和流程进行升级。在进行客户生命周期细分、邮件内容升级优化和采用专业的 EDM 系统之后，整个邮件营销取得了非常好的效果，主要的数据指标有了明显提升。具体情况如下：

(1) 邮件客户列表数量：3万+。

(2) 推送周期和时间：每月固定推送和活动推送相结合。

(3) 邮件打开率：1%。

(4) 邮件营销渠道的销量增长了6倍。

任务六 Google 推广

Google 推广主要包括 Google SEO 优化和 Google Adwords 广告投放，Google 推广是基于网站来进行的推广。在优化之前，David 所在的 LED 公司有一个简单的企业电商类网站，网站内容陈旧，更新频率低，基本没有什么用户。因此，为了进行推广，要对网站进行大的升级和改版。

一、Google SEO

(一) 网站结构的优化

原有的网站结构单一，除商品页外，用来承载关键词的页面类型太少，如图 3-38 所示。

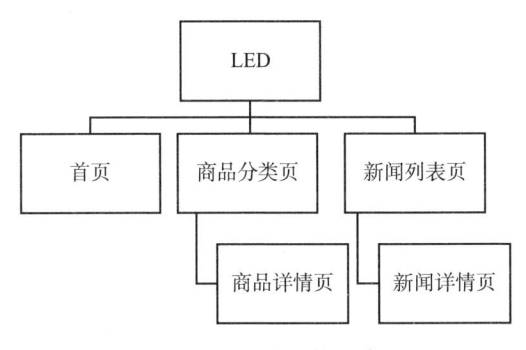

图 3-38 网站架构示意图

对此，David 针对网站架构，新增了专题频道、商品标签页、评论频道等内容，以增加网站页面数量，从而可以部署更多的长尾关键词，为网站带来更多的流量，如图 3-39 所示。

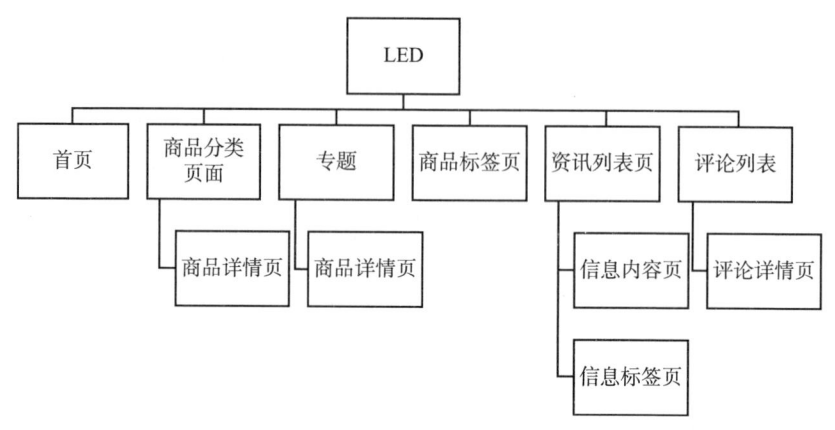

```
                            LED
     ┌──────┬──────┬──────┬──────┬──────┐
    首页  商品分类  专题  商品标签  资讯列表  评论列表
           页面            页           页       页
            │       │       │          │         │
         商品详情  商品详情           信息内容  评论详情
           页       页                  页        页
                                        │
                                     信息标签
                                        页
```

图 3-39　重新设计后的网站架构

（二）研究和部署关键词

David 根据用户关心的点，将关键词按照类型来详细分类，找到关键词的类型和对应的关键词列表，建立了一个大约 2 万个的关键词词库。然后，将这些关键词部署到对应的页面。

根据规则批量设置页面的 Title、Description、H1 等重要位置的关键词，如表 3-3 所示。

表 3-3　　　　　　　　　　关键词类型列表

	关键词类型	举例	着陆页面
产品	Product	LED light	产品页面
	product + price	Price of the LED light	产品页面/文章页面
	product + supplier	LED light Supplier	产品页面/产品标签页
	product + model	LED light 50W	产品页面/产品标签页

续表

	关键词类型	举例	着陆页面
产品	product + feature	Best LED light	产品页面/产品标签页
	product + picture	Picture of the LED light	产品图片页/产品标签页
	product + origin	Chinese LED light	产品页面/产品标签页
	product + comment	What about LED light	评论页面
	product + others	How to use the LED light	文章页面
品牌	Corporate	CNBMINTERNATIONAL	首页
	Corporate + website	CORP Okorder.com	首页
行业	Foreign Trade	Building Material	首页/产品分类页

（三）策划新页面

首先，设计标签页面。资讯标签页面可以给文章和商品添加产品长尾词的标签，然后根据标签直接生成所有相关文章的聚合页面，或者是在后台直接上传关键词，关联相关文章。后期可以针对这些页面，进行产品优化，设计对应的页面，提升用户体验。下面是新策划的标签页面的原型图，如图3-40所示。

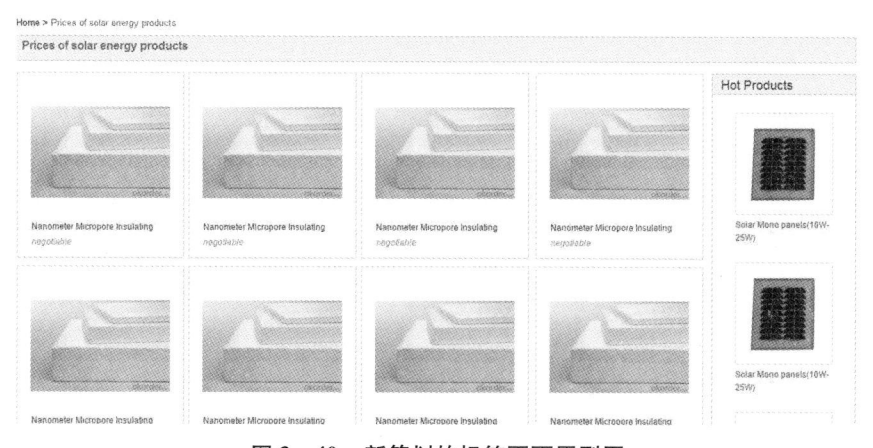

图3-40 新策划的标签页面原型图

其次,设计专题页面。对此可以根据热门产品、事件和关键词来制作,这种专题页面的用户体验好,排名能力强。可以同时用于 SEO 和 Adwords 广告投放。这样的页面也能够有效地吸引用户咨询,带来销售额。需要注意的是专题页面的策划和制作是一个持续性的工作,每个月都要不断地生成更多的新页面,不断地获得新的流量。

最后,通过 David 优化,网站的 SEO 流量也有了明显的提升,大约半年时间,月度流量增长 2 万以上。如表 3 – 4 所示。

表 3 – 4   流量分布情况

页面类型	流量(UV/日)
首页	100
分类页面	50
商品页面	200
商品标签页	100
评论页面	150
文章	200
总计	1000

二、Google Adwords

David 由于之前没有进行过 Adwords 广告投放,所以整个投放分为了两个阶段来进行。第一个阶段为 3 个月的测试期,第二个阶段为正式投放期。

(一) 测试

在测试阶段,每个月的预算为 10 万元,并开启广泛匹配模式,这样可以更好地进行测试,然后通过数据,对关键词进行筛选。它可能会带来一些无关客户,但是也会发掘出来很多在关键词挖掘的时候没有想到的关键词。我们屏蔽掉那些转化差的关键词,给那些转化好的关键词提升出价。如图 3 – 41 所示。

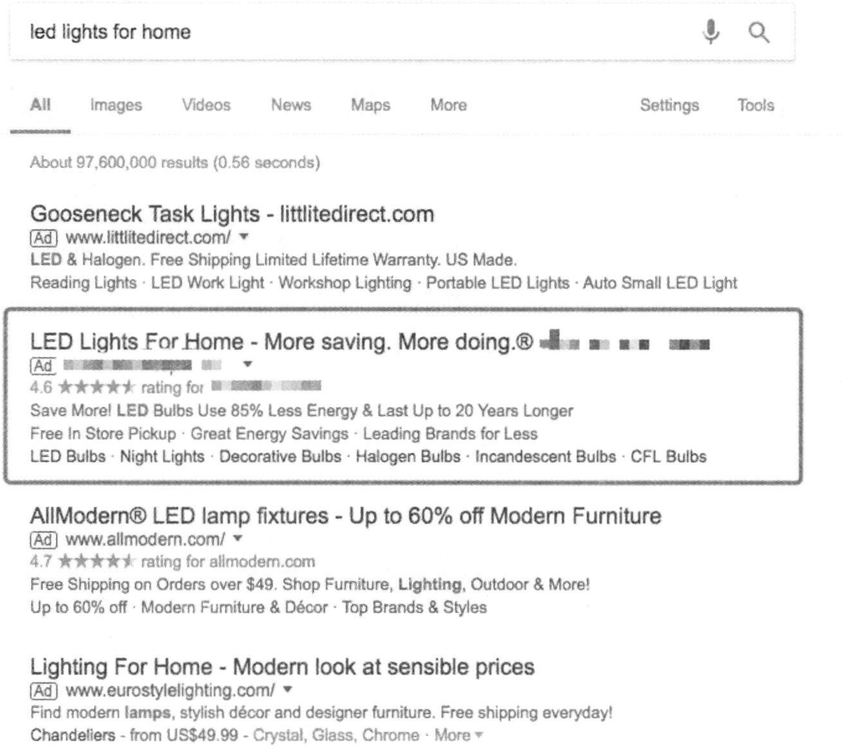

图 3–41　测试阶段 Google Adwords 广告投放

（二）正式投放

David 在正式投放阶段加大了费用的投入，每个月的预算达到了 30 万元，而这 30 万元，为 David 所在公司每个月带来了 160 万元的收入，取得了非常好的效果。

任务七　Facebook 营销

David 的公司之前并没有 Facebook 主页，但是 Facebook 是一个最重要的社会化媒体营销渠道，所以 David 在第一时间建立了 Facebook 主页，并对页面进行了设计，以提供更好的用户体验。为了能够更进一步地做好 Facebook 营销，David 准备从客户细分和互动活动策划来着手。如图 3-42 所示。

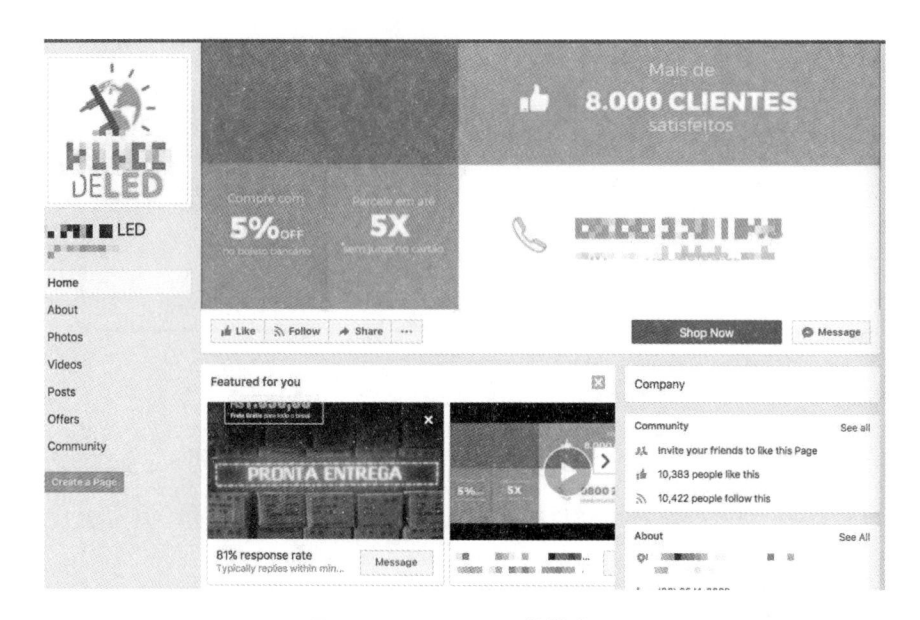

图 3-42 Facebook 营销主页

一、客户细分

首先来看客户细分。顾客天生就存在很大差异，同质化的营销策略在不同的客户面前起到的作用不同，如果企业想最大化地实现可持续发展和长期的增长，就需要专注正确的顾客群体，找准顾客的需求点，开展有针对性的营销。通过客户细分，企业才能找准企业未来的盈利点，找准哪些顾客是最可能给企业带来盈利的，而哪些顾客不能，并对不同的顾客投入不同的成本。

对此，以节假日的 Facebook 营销为例来进行说明。

Facebook 的战略洞察报告包含用户的人口统计数据、心理统计特征、地区、兴趣和购买行为等信息，可帮助我们制定更好的创意战略来定位这些用户。例如，您可能会通过洞察报告发现，高终生价值（LTV）客户中女性比例占70%，她们钟爱高端零售品牌，且居住在特定区域的市郊。凭借这一信息，您可以在定位这些潜在客户时量身定制更高效的营销文案。

另外，为了明确您想在假日购物季覆盖的受众群，并确定如何以最佳方式与他们建立联系。您可以面向潜在客户、高终生价值客户、品类采购者、忠实会员和电邮订户开展不同的广告营销活动。通过细分受众，您可以利用量身定制的创意打造不同的广告营销活动，尽量与各个受众群产生共鸣。

二、互动活动策划

为了提升用户关注度，David决定通过活动来吸引粉丝。最终通过Facebook在短短两个月内吸引了1万粉丝，引起强烈的市场反应。创造这次奇迹的正是一系列社交媒体大型推广活动。

在这一系列活动中，David主要使用了FaceBook营销的三个技巧：

（1）利用热点在欢迎页面上整合其他在线站点。

（2）利用视频教育启迪用户，并充分利用评论。

（3）利用FaceBook页面手动加自动整合博客。

在这些活动中，David公司率先用热点作为欢迎标签，链接到他们的社交站点。这样提高了互动性。细心的用户还能找到优惠券。维护客户长期忠诚度的关键是给客户满意的初体验。在FaceBook上提供video，详细介绍产品安装与使用便做到了这点。灯具公司在FaceBook视频里还加入了社交元素。除了"喜欢"按钮，他们还增加了"发送"按钮，用户可以直接发送链接给好友。FaceBook的评论部分会将用户的评论显示在他们的灯具上发光。除此之外还有一招，就利用网络化博客工具自动将文章归类至专门的标签，并手动将文章加载到灯具上，这样可以优化新闻订阅。

任务八 YouTube 推广

David 的公司在策划 Facebook 活动的同时，为了配合活动内容展示，还设计制作了一批视频，并将这些视频上传到了 YouTube 上，以期可以在 YouTube 上获得一些关注。结果没有想到一个 LED 方面的视频会有 78000 以上的点击量，300 多个转发。然后 David 开始重视 YouTube 的传播，用心来经营 YouTube 上的视频账号，上传新产品的创意视频，在 YouTube 上迅速扩散开来。

需要说明的是，利用 YouTube 推广，不仅在内容上进行产品的传播，而且要制作一些有意思的和有用的视频。比如说，曾经通过制作"How to make a LED light bulb"的视频，获得非常好的传播效果，最后的阅读量累计达到了 60 万次，一年的时间里，此视频为新产品带来了 100 个订单。如图 3-43 所示。

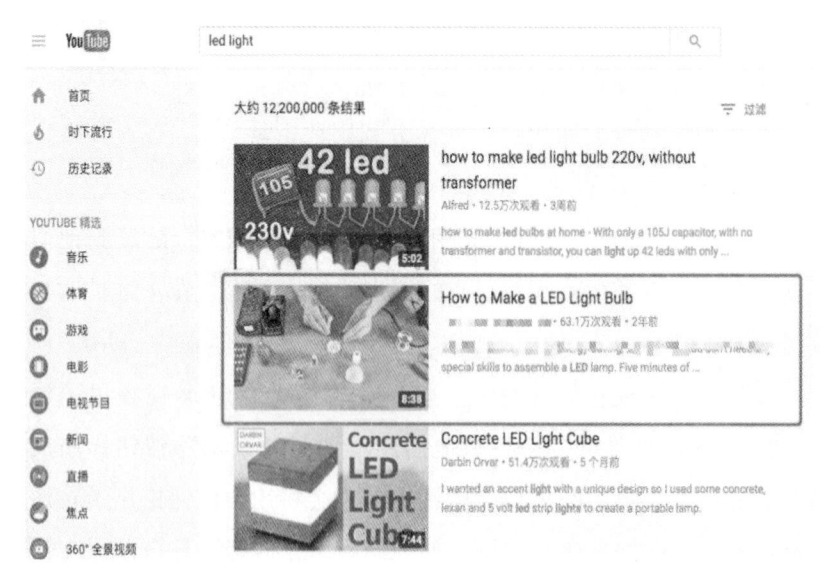

图 3-43 LED 在 YouTube 上的视频显示

接下来，我们将会从拍客推广、自拍视频推广和视频信息优化三个方面来进行讲述。首先我们来看一看拍客推广。

一、拍客推广

拍客推广的实质就是利用大拍客的力量，将他的"粉丝"转化成我们的买家。具体如下。

（一）寻找拍客

寻找拍客有两个主要的途径。第一，搜索关键字。在 YouTube 顶部的搜索框中输入我们想要推广的产品的名称，例如，要推广手机，就搜索 cellphone review、Samsung galaxy S5 Review，等等，要推广假发，就搜索 hair review、wig review，等等，要推广珠宝，就搜索 jewelry review、necklace review，等等。根据不同的行业不同的产品，搜索最贴合自己产品名称或特性的关键词。第二，在同类视频的右侧的相关视频中查找符合我们要求的视频。例如，我们正在观看一个 cellphone review 的视频，这时，在这个视频的右侧，会出现一系列同类视频，这些视频所属的频道就很有可能是我们需要找的频道。以上只是我们最常用的和最有效的寻找拍客的方法，也还会有一些其他的方法可以找到我们想要的拍客，具体可以在实际操作过程中慢慢摸索。

（二）联系拍客

当我们发现一个视频中拍的产品与我们想要推广的产品吻合时，我们就要点击这个拍客的频道名，进入他的频道主页，在顶部导航条中最后一项是"about"，有一些拍客会把他的联系信息放在这里边，可能是邮箱，也可能是 Facebook、Twitter、google+ 链接，我们可以通过这些联系方式联系他。如果他在"about"里没有留下任何的联系信息，我们可以通过站内 message 联系他。同样是在"about"页面，有一个"Send message"按钮，点进去，我们就可以给拍客发站内信，当他登录他的 YouTube 频道的时候，就会收到相关提示。我们建议找 subscriber 数比较多的拍客合作，要在 1000 以上，这样视频拍出来效果会比较好。

（三）开发信内容

给拍客发的开发信是合作的敲门砖，我们建议要简明扼要地说明来意，篇幅不宜过长，否则会让对方没有耐心读下去。内容要突出合作，我们给他发免费的产品，他只需要帮我们拍个视频，产品便归他所有。我们可以把我们的店铺链接放到开发信里边，这样拍客点进去就可以看到自己感兴趣的产品，会大大增加合作的可能。如果我们是通过发邮件联系拍客，邮件标题就很重要，我们建议可以突出合作、免费产品这样的关键字，标题不宜过长，6~8 个单词比较适宜。

（四）拍客选品及发货

在我们发了相当数量的开发信之后，会有一些拍客给我们回复，表明他们愿意合作。这时，建议先问一下拍客有没有在线聊天的联系方式，现在比较常用的是 Skype、Kik、Whatsapp、Aol 等。如果拍客告诉我们，我们一定要及时添加，因为在线聊天的沟通方式比邮件沟通要方便得多。然后我们可以让拍客在我们的店铺里挑产品，并把产品链接及对应的尺码、颜色等信息发给我们，还有拍客的地址和电话号码，因为有的物流方式电话是必填项。即使物流用不到，我们将来也可能给拍客打电话或者发短信。第一次合作的拍客，建议少发产品，试一下效果，然后再决定是否继续合作或者是增加产品量。拍客选好产品之后，要及时给拍客发货，并告知对方运单号。在此有一点需要指出，在拍客选产品的时候，我们要尽量推荐对方选新品，或者当下热卖的产品，这样的产品比较有卖点，视频拍出来效果会更好。

(五) 提醒对方拍视频

如果我们跟踪到拍客已经收到包裹，这时候我们要向拍客询问对我们产品的看法，并问一下什么时候可以把视频上传上去，还有让拍客不要忘记添加产品链接（产品链接要带上 DHgate 的跟踪码，这样我们便可以查询得到哪个拍客给我们带来了多少订单，好的拍客我们将来要继续合作，并且可以多发产品）。

跟踪码添加规则：? f = youtube – creator – creator ID – Itemcode – category。

以上是我们需要在产品链接中添加的跟踪码以便追踪视频效果。粗体部分是需要根据不同的产品、不同的拍客替换掉的。Creator ID 是拍客的频道名，Item code 是我们所推广产品的 Item Code，这个在我们产品链接可以找到。Category 是指我们所推广的产品所属的大类，如 3C、HB、hair 等。

(六) 追踪视频效果

对于效果好的拍客，要继续联系他让他再选新产品。如果拍客制作了很好的视频，画质清晰，产品展示非常详细等，我们可以把视频嵌入我们产品最终页的产品描述里。具体操作方法如下：

在我们上传产品或者编辑产品的页面，"产品详细描述"下边，会有一个产品视频链接的框，（这个地方仅限 YouTube 视频）。如图 3 - 44 所示。

图 3 - 44　产品视频链接位置

我们将视频链接贴在这里，就会在前台展示出来。如图 3 - 45 所示。

图 3-45　视频显示效果

二、自拍视频推广

自拍视频的推广如同前面所提到的拍客推广一样，都是为了更好地推广自己公司的产品，从而帮助公司提升销量，具体有如下几个方式。

（一）建立 YouTube 频道

卖家可以建立自己的 YouTube 频道，将一些热门的产品拍成视频，这样当有买家想看产品细节的时候，我们就可以把视频链接发给他。

（二）挑选热门产品拍摄视频，上传到 YouTube

挑选热门产品拍摄视频上传到 YouTube 上，总会有人通过某些关键词或者 YouTube 的相关视频推荐功能找到，这样就可以把 YouTube 上的流量引到自己的店铺。

（三）将视频嵌入产品描述

我们同样也可以将自己拍的视频嵌入产品描述中，方法和拍客项目视频嵌入是一样的。

需要说明的是，通过以上方法我们得到视频之后，不仅可以嵌入产品描述，让买家提交到产品 review 里，还可以用自己的社交账号分享出去，比如我们可以将视频贴到我们的 Facebook、Twitter、Google+上，还可以发送给我们的买家，当有买家询问相关产品时，我们就可以把视频链接通过站内信或其他途径发给他。

需要说明的是，David 所在的公司也会结合一些热点的事件和电影来进行传播，一款能够"变形"灯具产品的出现无疑迎合了这一潮流。视频中是一款新型的变形灯管，结合了《变形金刚》电影的热映期，蹭了一次题目热点，在视频中植入变形金刚的元素，再加上拍客详细的解说、细节性功能性的展示，吸引了很多人来点击查看这个产品。视频的结尾和每一帧均设置了二维码，用户可以随时扫描进入购买页面，从而促成了这些订单，最终形成了真实的购买。

三、买家推广

如果店铺已经有一定的成交量，那么买家也是非常好的资源。买家收到产品后，可以联系他们，问他们对产品有什么评价，如果他们喜欢提供的产品，可以请他们帮忙做个 YouTube 视频反馈，可以给一些不同形式的奖励，卖家可以自定。

如果有买家帮我们拍了正面的视频，我们要建议买家提交到产品评论里，并显示在 Customer Reviews 里边（具体操作方法在下边"可能遇到问题"中有详细的解说）。如图 3-46 所示。

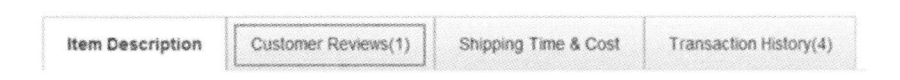

| Item Description | Customer Reviews(1) | Shipping Time & Cost | Transaction History(4) |

图 3-46　Customer Reviews 页面

展示效果如图 3-47 所示。

图 3-47 买家的视频展示效果

当其他买家点开视频按钮的时候，产品的视频 review 就会在弹出的窗口中展示，其他买家就可以看到产品的细节以及此买家对产品的评论，从而大大提高该页面的转化率。

【思考和练习】

一、选择题

1. 以下（　　）不属于 Google Adwords 的特点。

A. 按效果付费——只有当用户点击你的广告，并访问了你的网站时，你才需要付费。而单纯的广告展示并不需要付费

B. 目标客户精准——所有的广告均是基于用户的年龄及使用设备的

C. 转化效果好——由于目标客户精准，相较于其他广告渠道，Google Adwords 是目前所有的在线营销渠道中，转换效果最好的渠道之一

2. 以下（　　）EDM 邮件营销数据获取方式是非许可式 EDM。

A. 使用注册型网站

B. 通过 QQ 群采集邮箱

C. 策划线上活动到相关网站投放广告，需要用户注册参与，填写邮箱地址

D. 通过线下活动交换彼此的资源

3. 影响 YouTube 视频排名的因素都有（　　）。

（1）标题和标签的信息；（2）用户停留时长；（3）描述内容中的关键词标签；（4）视频长度；（5）观看视频后有多少用户订阅；（6）评论数；（7）赞和踩数。

A．（1）（3）（5）（7）　　　　B．（2）（4）（6）（7）

C．（2）（4）（5）（6）（7）　　D．以上都是

4．以下（　　）不是facebook"粉丝"的拉新留存与"粉丝"互动的方法。

A．Rich　　　　　　　　　　B．Sponsored stories

C．Social plug-in　　　　　　D．Sprout Social

二、判断题

1．广告投放必须要想办法提升整体的曝光量，也就是所说的展示量。只有有了足够的展示量，才会有足够多的点击量和最终的转化量。

（　　）

2．二次购买客户属于周期性购买客户，需要加大力度进行维护和营销，属于生命周期的第二阶段。这个阶段在整体策略上要将促销及活动信息贯穿邮件始终并进行周期性的维护和更新，增加邮件信息出现的频次。

（　　）

3．在同一关键词下，YouTube链接在google上排名更靠前。（　　）

4．在Facebook上，你的帖子必须保持足够的活跃度，这样你才有可能吸引更多的用户，所以预设帖子是十分必要的。（　　）

三、问答题

1．如何提高google广告投放的曝光量？

2．根据客户的生命周期，可以把客户分为哪些类型，请简述各种类型的特点。

3．请列举至少三个在YouTube上的推广优化策略，并简述。

4．请列举至少三个关于Facebook的营销推广策略，并简述。

项目四

跨境电商大宗贸易谈判

【学习目标】

（一）知识目标

1. 懂得分析询盘
2. 掌握各类询盘处理技巧
3. 懂得如何回复询盘
4. 了解客户跟进方法

（二）能力目标

1. 掌握询盘谈判流程
2. 掌握各类询盘及询盘处理技巧
3. 掌握价格谈判技巧
4. 掌握售后谈判技巧

【项目情景】

在某灯具出口公司做销售的小孙在工作中常常遇到各种各样谈判的挑战。

从每天从各类平台上收到五花八门的询盘开始，公司就要求小孙对各类询盘进行甄别筛选，找到应该重点跟进的询盘，通过跟客户进行谈判，准确把握客户的需求，比竞争对手更快更准确地锁定目标客户。

在订单谈判中，小孙还要跟客户进行价格及贸易条款的谈判，从而获得最好的价格条款，创造更多的效益。

出口产品因为生产过程中难免有残次品产生，所以小孙时常还要面临客户的售后投诉，其中也涉及谈判问题，即如何在客户满意的情况下，让公司付出最小的成本，这也是小孙需要考虑的问题。

也就是说，从询盘到转化为订单的过程中涉及的各类谈判对小孙来说都是挑战。

【相关知识】

一、商务谈判中的价格策略与技巧

在整个商务谈判的各个环节，价格谈判最为重要、最为复杂、最为敏感，也是影响交易成功的重要因素。因为虽然谈判的目的是要达成双赢结果，但是在现实生活中，你坐在一个买家面前，你们心中都抱着同样的目的，都想自己赚得多，他想要的是最低价，你想要的是最高价，所以我们需要一套策略和技巧。

一个谈判的成败对企业来说有可能极其重要，它不仅关系到协议能否达成，还关系到整个企业的生存和发展。

二、价格谈判的准备

一个好的业务员进行价格谈判，只有掌握大量充分的关于待交易的商品或劳务的价格信息，才能在与谈判对手的较量中占据优势。根据实际情况，为确定自己的价格谈判追求的目标，和实施切实可行的价格谈判的策略与技巧进行铺垫。

三、报价

（一）报价概述

报价是指在谈判中的某一方首次向另一方提出一定的交易条件，并愿意按照这些条件签订交易合同的一种表示。报价标志着价格谈判的正式开始，也标志谈判者的利益要求的"亮相"。报价绝不是报价一方随心所欲的行为。报价一方在报价时，不仅要以己方可能获得的利益为出发点，更要考虑对方可能的反应和报价能否被对方接受。报价把握得当，就能在价格磋商中占据主动地位，控制交易双方的盈余分割；反之，就会助长对方的期望价，甚至使对方有机可乘，从而陷入被动的境地。因此，报价技巧的运用，直接影响价格谈判的开局、走势和结果。

（二）报价技巧

1. 报价起点策略

这种策略的通常做法是，作为卖方，开出的起点价要最高；而作为买家，报出的起点价则要最低。以卖方为例，报价最高的好处如下：

（1）开盘价给卖方的要价设定了最高限度。

（2）开盘价会影响买方对卖方提供的商品或服务的印象。

（3）开盘价越高，越能为以后的讨价还价留有较多的空间。

（4）开盘价越高，最终的成交价格也较高；反之，开盘价较低，最终的成交价格也较低。

2. 报价时机策略

顾名思义，这种策略就是要在最确切的时机报一个最合适的价格。即在商务谈判中，应当首先让对方充分了解商品的使用价值可为对方带来的利益，待对方对此产生浓烈兴趣再来报价。经验表明，提出报价的最佳时机，一般是对方询问价格时，因为这说明对方已经对商品产生了浓厚的兴趣,此时报价往往水到渠成。

3. 吊筑高台策略

是指卖方提出一个高于本方实际要求的谈判起点来与对手讨价还价,最后再做出让步达成协议的谈判策略。喊价要狠,让步要慢。应对方法:要求对方出示报价或还价的依据,或者本方出示报价或还价的依据。

4. 抛放低球策略

是指先提出一个低于己方实际要求的谈判起点,以让利来吸引对方,首先去击败参与竞争的同类对手,然后再与卖方进行真正的谈判,迫使其让步,达到自己的目的。应对方法:其一,把对方的报价内容与其他卖主的报价内容一一进行比较和计算,并直截了当地提出异议。其二,不为对方的小利所迷惑,自己报出一个一揽子交易的价格。

四、讨价还价

商务谈判成本可以看成是谈判成本、达成协议所做出的让步成本、谈判所耗费的各种资源成本以及参加该谈判所失去的机会成本之和。谈判效率就是指谈判所获得的收益与所费成本的对比关系,在合理的讨价还价基础上,为己方争取更多的利益,降低谈判成本,能使效率大幅提高,加快协议的达成。讨价还价要树立在正确价值观的基础上,考虑双方的利益,获得彼此的信任。在交流双方的运营理念及公司文化的过程中,还可以很好地展示自己企业的文化,树立企业形象,为以后双方更多的合作奠定基础。

(一)讨价、还价概述

讨价是商务谈判中的一方报价之后,另一方认为离自己的期望目标太远,而要求报价方重新报价或改善报价的行为。讨价能够改变对方的期望值,并为己方的还价做准备。讨价策略的运用包括讨价方式的选择和讨价之后对谈判对手的分析。还价,也称"还盘",一般是指针对卖方的报价,买方做出的反应性报价。为了使谈判进行下去,卖方在作了数次调价以后，往往会要求买方还价，买方也应还价以表示对对方的尊重和自己的诚意，同时也给谈判确定方向。还价是商务谈判的中心，还价要力求给对方造成较大的压力和影响或改变对方的期望；同时，又应着眼于使对方接受的可能性，并愿意向双方互利性的协议靠拢。还价一定要谨慎，还得好，则可谈性强，对双方都有利；还得不好，不仅自己的利益会受到损失，而且可能引起对方的误解或反感，使谈判陷入僵局，甚至破裂。还价以讨价作为基础。在一方首先报价以后，另一方一般不会全盘接受，而是根据对方的报价，在经过一次或几次讨价之后，估计其保留价格和策略性虚报部分，推测对方可妥协的范围，然后根据己方的既定策略，提出自己可接受的价格，反馈给对方。

（二）还价前的筹划

由于报价具有试探性质，即报出一个价格看一看对方的反应怎么样，然后再调整自己的讨价还价策略。因此，还价的时候一定要小心，既不能让对方套出自己的真实想法，又要给对方一定的信息。在多数情况下，当一方报价以后，另一方不要马上回答，而应根据对方的报价内容，再对自己先前的想法加以调整，准备好一套方案后，再进行还价，以实现"后发制人"。还价策略的精髓就在于"后发制人"。要想发挥"后发制人"的威力，就必须在还价前针对对方的报价做出周密的筹划。一是应根据对方对己方讨价所做出的反应和自己所掌握的市场行情及商品比价资料，对报价内容进行全面的分析，推算出对方所报价格中水分的大小，并尽力揣摩对方的真实意图，从中找出对方报价虚头最大、我方反驳论据最充分的部分作为突破口，同时找出报价中相对薄弱的环节，作为己方还价的筹码。二是根据所掌握的信息对整个交易做通盘考虑，估量对方及己方的期望值和保留价格，制定出己方还价方案中的最高目标、中间目标、最低目标。把所有的问题都列出来，分清主次、先后和轻重缓急，设计出相应的对策，以保证在还价时自己的设想、目标可以贯彻执行。三是根据己方的目标设计出几种不同的备选方案，方案中哪些条款不能让步，哪些条款可以灵活掌握，灵活的幅度有多大，这样才便于保持己方在谈判立场上的灵活性，使谈判的斗争与合作充满各种可能性，使谈判协议更易于达成。

（三）讨价还价策略

1. 投石问路

要想在谈判中掌握主动权，就要尽可能地了解对方的情况，尽可能地了解和掌握当我方采取某一步骤时，对方的反应、意图或打算。投石问路就是了解对方情况的一种战术。与假设条件相比，运用方主要是在价格条款中试探对方的虚实。

2. 抬价压价策略

这种策略技巧是商务谈判中应用最为普遍、效果最为显著的方法。常见的做法是，谈判中没有一方一开价，另一方就马上同意，双方拍板成交的；都要经过多次的抬价、压价，才互相妥协，确定一个一致的价格标准。所以，谈判高手也是抬价压价的高手。

3. 目标分解策略

讨价还价是最为复杂的谈判战术之一。讨价还价的能力，反映了一个谈判者的综合能力与素质。我们不要把讨价还价局限在要求对方降价或我方降价的问题上。例如，一些技术交易项目，或大型谈判项目涉及许多方面，技术构成也比较复杂，包括专利权、专有技术、人员培训、技术资料、图纸交换等。因此，在对方报价时，价格水分会较大。如果我们笼统地在价格上要求对方作机械性的让步，既盲目，效果又不理想。比较好的做法是，把对方报价的目标分解，从中寻找出哪些技术是我们需要的，价格应是多少，哪些是我们不需要的，哪一部分价格水分较大，这样讨价还价时情况对我们就有利得多。

4. 价格诱惑策略

价格在谈判中十分重要。这是因为许多谈判就是价格谈判。即使不是价格谈判，双方也要商定价格条款。价格最直接地反映了谈判者双方各自的切身利益。自然，围绕价格的战术策略，常常具有冒险性和诱惑性。价格诱惑的实质，就是利用买方担心市场价格上涨的心理，把谈判对手的注意力吸引到价格问题上来，使其忽略对其他重要合同条款的讨价还价，进而在这些方面争得让步与优惠。对于买方来讲，尽管避免了可能由涨价带来的损失，但可能会在其他方面付出更多的价格，牺牲了更重要的实际利益。所以，买方一定要慎重对待价格诱惑，必须坚持做到以下几点：首先，计划和具体步骤一经研究确定，就要不动摇地去执行，排除外界的各种干扰。所有列出的谈判要点，都要与对方认真磋商，决不随意迁就。其次，买方要根据实际需要确定订货单，不要被卖方在价格上的诱惑所迷惑，买下一些并不需要的辅助产品和配件，切忌在时间上受对方期限的约束而匆忙做出决定。最后，买方要反复协商、推敲各种项目合同条款，充分考虑各种利弊关系。

5. 沉默是金

与其错误地回应对方的报价，还不如守株待兔，静观其变。对方在沉默中经常会因为紧张而对自己的报价进行修改，让报价变得更易于让人接受，或干脆发出愿意做出更大让步的信号。价格谈判策略与技巧是在商务谈判中扬长避短和争取主动的有力手段；是企业维护自身利益的有效工具。合理运用价格谈判策略与技巧，及时让对方明白谈判的成功取决于双方行为和共同的努力，就能使双方求同存异，在坚持各自目标的前提下互谅互让，互利双赢。

【任务分解】

任务九　询盘谈判

一、询盘分析

在收到询盘之后，不应第一时间回复客户邮件，而应该做询盘分析和客户分析。很多业务员都有一个通病,就是很少分析客户和询盘。询盘有很多都是一句话的内容,例如"send me price list"或者"send me catalog"。很多业务员收到这样的询盘之后,会选择直接发送目录或者报价单,最终的结果是回复率都很低。

假如买家是不专业的买家,对小孙所在的企业的行业或者产品了解程度低,小孙突然回复了厚厚的目录清单或者十几款甚至几十款产品报价,客户能懂吗?本来客户想从小孙身上得到解答,结果给客户制造了十几二十种问题出来,客户又会怎样回复你呢?

以上很简单的例子直接说明不分析就回复邮件是很草率的行为,回复率当然会很低。对邮件内容的分析分为两个方面:客户的分析和询盘内容的分析。首先我们来看询盘分析。

(一) 询盘分析

询盘分析主要是从内容、后台和搜索引擎三个方面去分析。如图 4-1 所示。

```
┌─────────────┐
│  询盘分析   │
└─────────────┘

┌─────────────────┐
│  从内容上去分析 │
└─────────────────┘

┌─────────────────┐
│  从后台去分析   │
└─────────────────┘

┌─────────────────┐
│  从搜索引擎分析 │
└─────────────────┘
```

图 4-1 询盘分析示意图

以环球市场的后台为实际例子做分享。从内容上分析询盘,大家可以看看小孙在环球市场后台收到的询盘。如图 4-2 所示。

初看询盘内容还是比较详细的。这里说一说业务员的另外一个通病,那就是常常认为询盘内容多就是优质询盘,询盘内容少就不优质,先来看看询盘内容，如图 4-3 所示。

```
Dear Einky,
We are wholesale distribution company located in Melbourne.
I am interested at purchasing your product TC-PY18. Can you
pls furnish me with details such as:
1. What's the quantity require in order to have custom logo printed
on the product?
2. Can I have your product and price rang?
3. Lead time queried to deliver to Melbourne.

Thanks
Will

Company:xxxxxxxx
Email:xxxxx@xxxxxx
Phone:xxxxxxxxxxx
Fax:xxxxxxxxxxx
```

图 4-2　内容分析询盘

```
称呼：Einky——仔细关注

wholesale distribution-分销商——价格定位

Melbourne-墨尔本——市场定位

TC-PY18——具体产品定位

具体问题——专业度定位
```

图 4-3　具体询盘内容

第一，我们来看称呼。这里客户称呼小孙 Einky，而不是 Sir、Friend 等泛泛的称呼，首先说明客户对于小孙、对于小孙的企业是有一定了解的，也说明这不是群发的邮件。既然客户仔细地关注了小孙的公司，小孙更应该对客户进行仔细分析。

第二，wholesaler distribution 分销商。小孙可以根据客户类型做价格定位。分销商对于价格敏感度较高,所以,报价的时候需要注意,不能随便报价!

第三,Melbourne,墨尔本。这是地理位置,小孙可以做市场定位。对于做商业照明的公司来说,澳洲对驱动有一定的认证要求:SAA。所以,在报价或者提供产品信息给客户时就要注意是通过SAA认证的产品信息,而不是普通的产品报价。如果像前面的情况,没有分析就给客户报价,那么产品配置或者价格就是公司常规的信息,并不符合客户的需求。另外,澳洲市场也是灯饰照明行业一个相对优质的地区,被开发程度不是特别高,也是不错的一个商业市场选择。

第四,TC-PY8,具体型号。客户在邮件中提到具体的型号,可以看出客户对小孙公司的产品做了一定的研究,已经初步确定TC-PY18型号的产品是比较适合他们的市场的。所以小孙可以把重点放在这个型号的产品上面。在分析客户的市场之后,看看客户选择的型号是否真的适用,如果不适用,小孙应该推荐更好的选择给客户。而这正是邮件的重点。

第五,专业问题。客户提出了三个专业问题,应该有专业的回答,才能打动客户。

第一个问题:"What's the quantity require in order to have custom logo printed on the product?"关于定制产品的印制logo起定量问题。这也从侧面说明客户对于小孙所在的地区是比较熟悉的,了解到对于这方面都有特定的最低订货数量。

第二个问题:"Can I have your product and price rang?"可以给价格区间,根据不同的订单数量给不同的价格,所以对于这个问题,不用急着回复价格区间,而要先了解客户的订单数量需求再做详细回复。

第三个问题:"Lead time required to delivery to Melbourne."重点说说这个问题。很多人看到这个问题,会直接回答具体多少天,比如说是30天。其实关于交货期是有很多技巧的。具体实例如下:有一个印度客户来工厂,准备下一个小柜的面板灯散件。因为5月份印度要实施BIS认证,所以,很多印度客户需要准备进口散件自己在印度当地进行组装。这个客户谈得很好，也准备下订单，这时，他问了这样一个问题："If I order one container SKD of panel light, what is the leading time? and what is your idea?" 这个客户是第一次做散件进口，他不知道具体操作情况。所以，最后从专业角度给客户的回复是，不能下一条柜，而应该下三条柜。

客户很惊讶，问为什么。

小孙是这么回答客户的：根据以往跟印度客户合作的经验，订单从中国港口到印度清奈港口，最快的到港时间是 14 天左右，清关跟运输到仓库大概是 10 天时间，然后开始生产，到产品能开卖，因为客户是第一次生产，所以应该至少需要一个月的时间，也就是 30 天。所以，从订单发出到产品开卖，至少要 54 天时间。如果等到产品开卖再来补货的话，客户将会至少有一个半月的空档期，这样对于客户的生产和销售都不利，所以，最好的方式就是下三条柜。

第一条柜出货，3 月 1 日。15 日到港印度的时候，第二条柜子将从中国港口发出。当第一条柜的原材料生产成成品的时候，第三条柜从中国港口出发。这样就保证了客户在 BIS 实行前能收到三条柜的散件，并完成清关，也保证了客户每个月都能收到原材料并且每个月都有成品生产，中间没有空档期。

客户听完方案后觉得非常可行，帮他考虑得很周详，所以出于信任与专业决定下单三个小柜。可见，如果只是回复客户说交货期大概是 15 天，就一个数字的话，可能就只是接单一个小柜。以上就是对于一个询盘内容的简单分析。

接下来，我们再来看看另外一个例子。如图 4-4 所示。

初看询盘内容很简单。称呼很泛，产品也是大类，没有特定的型号或者具体产品。要求也很简单，要目录和报价。并不能从询盘内容中了解到很多信息。所以小孙决定从客户分析入手，而不是认定此询盘为不优质询盘。为了能够帮助大家清楚地了解，后面会有一个实际例子分享。从后台分析现在环球市场或者阿里巴巴后台都能够直观地看到询盘的后台数据。如图 4-5 所示。

```
Dear Sir,
We are interested in your glass panel products,
pls send me your catalog and price list.
Sincerely,
Tom
```

图 4-4　内容示例 2

```
过去90天买家活跃度
发送询盘数：1次
发送询盘的厂家数：11个
最近询盘时间：2015-12-27

发送所在地：Australia(165.228.254.147)
```

通过客户的名称、企业名字还有IP地址，以及询盘的活跃度
我们可以简单地判定这个客户的专业度
从询盘的发送次数与厂家数，我们可以知道竞争度。
再通过IP地址查询工具，我们可以清晰地知道客户的所在国，
更能确定对客户的所在国的判断以及真实性。

图 4-5　后台数据实例

图 4-4、图 4-5 是前面那个澳洲客户询盘的后台数据。可以直观地看到买家的活跃度，发送询盘一次，发给了 11 个厂家。从数据说明小孙的竞争对手不多，只有 10 个，客户并没有大规模的群发询盘。从发送地的 IP 地址来看，客户来自澳大利亚，初步判断客户比较真实。

在这里需要补充一点，就是我们可以使用一些 IP 地址查询工具进行详细的数据分析。在此推荐一个网站：站长之家。

网址：https：//www.chinaz.com./IP/服务器地址查询 – 站长工具。

（二）客户分析

客户分析主要是从其市场、实力、采购能力和产品四个方面进行分析，如图4-6所示。

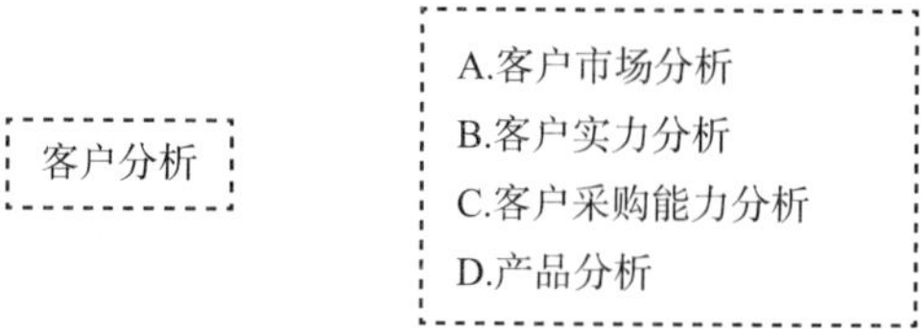

```
客户分析 —— A.客户市场分析
           B.客户实力分析
           C.客户采购能力分析
           D.产品分析
```

图4-6　客户分析内容

对客户所在的市场、客户实力、采购能力和产品进行客户详细分析，在此不详细展开，后续会有相应的课程分享。为什么要做客户背景分析？可以有以下几点参考。如图4-7所示。

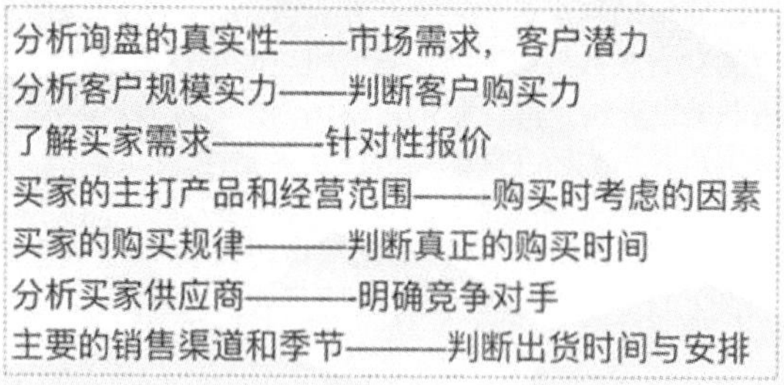

```
分析询盘的真实性————市场需求，客户潜力
分析客户规模实力————判断客户购买力
了解买家需求————针对性报价
买家的主打产品和经营范围————购买时考虑的因素
买家的购买规律————判断真正的购买时间
分析买家供应商————明确竞争对手
主要的销售渠道和季节————判断出货时间与安排
```

图4-7　客户背景分析的原因

为了能够帮助大家理解，接下来用实际的例子进行分享说明。如图4-8所示。

项目四 跨境电商大宗贸易谈判

买家分析及回复案例

Dear Einky,
Please email us your product catalogue and price list of LED Panel
Thanks

Trilux lighting
sales.india@trilux.com

图 4-8 询盘内容

首先我们来看看邮件落款中有客户的联系信息，可以看出是客户的销售给小孙发的邮件。邮箱后缀加上 www. 就是客户的网站 http://www.trilux.com，可以打开看看。打开网站，可以看到更像是欧洲客户的官网。如图 4-9 和图 4-10 所示。

通过对网站的简介，初步了解到客户是一个做照明解决方案的企业，企业员工 5500 人，规模非常大。总部在德国，客户有 26 个营销推广渠道和合作企业。产品线非常广，其中有小孙公司对口的产品。

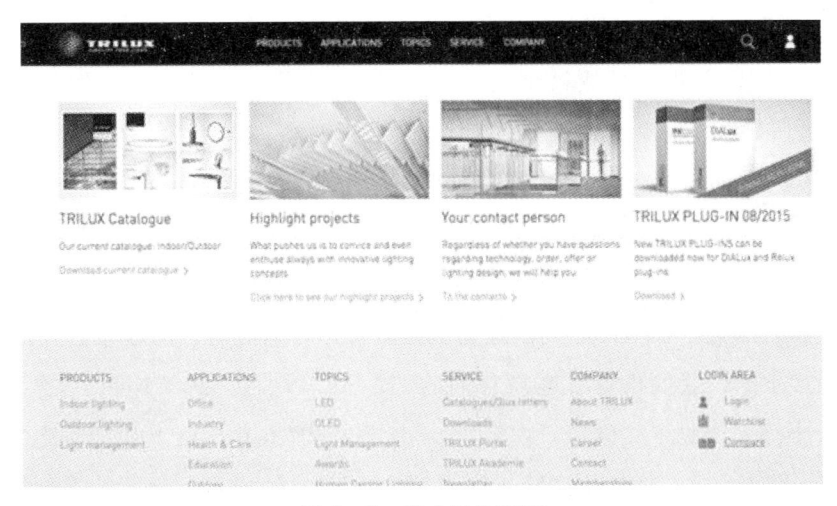

图 4-9 客户网站页面

lighting solutions.

The company employs over 5,500 employees, with headquarters at Arnsberg in Germany.

26个营销渠道和品牌合作企业

产品线非常广,有我们对口产品。

图 4-10　客户相关信息汇总

以上是对企业的初步了解。因为给小孙发邮件的人是销售,外贸方面总体来说建议不跟销售沟通,而应该跟有采购决定权的老板或者采购直接沟通,这就跟印度客户喜欢直接跟工厂老板谈类似,所以需要小孙找到客户的企业负责人。在这里可以通过 http://trilux.com 进行搜索,结果的第五项就有详细的说明。

打开之后可以看到,Gulshan Aghi 是企业的 CEO,再通过 http://trilux.com·Gulshan Aghi 的搜索方式可以找到客户相关信息。

这个网站可以搜索到相当多的客户信息。可以看到有客户名称、职位和联系方式,虽然被屏蔽了,只有付费会员可以看到。但是没关系,可以根据经验猜到客户的邮箱地址。小孙可以看到客户的邮箱首字母是 g,客户的名字首字母也是 G,所以小孙猜客户的邮箱可能是 gulshan.aghi@trilux.com 或者是 g.aghi@trilux.com,再通过邮箱验证工具验证。

如果购买了 Linkedin 的高级会员,就可以看得到客户的联系方式。

接下来,我们再看看客户官网的"News"栏目。从"News"的第一条,小孙又找到了突破口。内容为 trilux 将在 2016 年投资 100 亿卢比(如图 4-11 所示),增加生产线。通过这个内容可以证实,印度的 BIS 将实行,客户也想通过进口散件的方式进行自主生产,这样就给了小孙一个很好的理由去开发客户。所以小孙这样回复了客户,采用的是"擒贼先擒王"的策略。

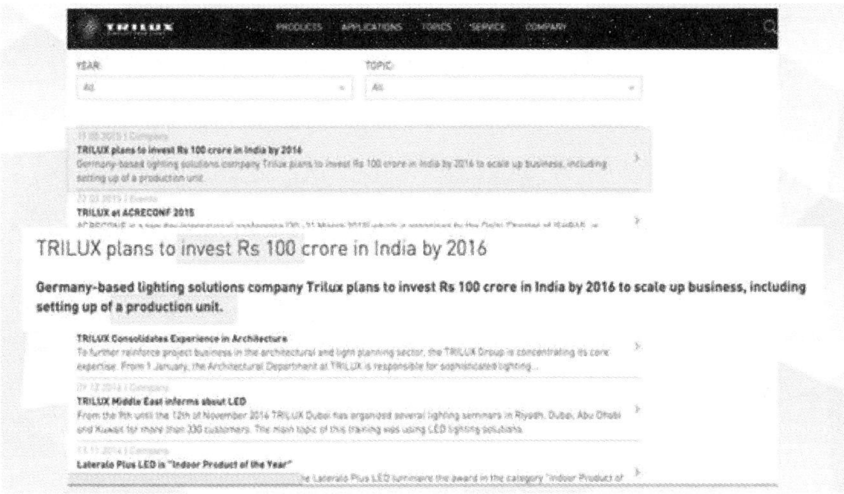

图 4-11 查看客户联系方式

首先,发邮件给 CEO 并抄送给前面给小孙发送邮件的销售,将利用客户的产品观念为标题,即"LED lighting technology,Simple your life"。开端一句话简洁明了介绍了企业。第二部分一句话说明了企业的实力。第三部分根据客户的产品,做了相应的目录。最后,作为突破口,知道客户将投资 100 亿增开生产线,所以小孙说可以提供 SKD 整套方案,但是客户的产品线非常广,不可能所有产品都自己生产,所以肯定也会进口成品,所以小孙也特别提到自己将拿到 BIS 证书,可以提供成品,双管齐下。在邮件发出去的第二天小孙就收到客户的回复,客户说明寄样品,并安排中国办事处的人联系看厂事宜。如图 4-12 所示。

```
LED lighting technology,Simple your life

Dear Gulshan Aghi,
Nice to get your letter.
TECO LIGHTING,professional led panel light OEM manufacturer since 2011.
I learnt that LED slim panel is one of your products range ,and in great demand in India market .
we are working with many India lighting companies ,such as EON,Bajaj……

pls check the catalog enclosed, I mark the hot sales and right for your product rang items in red.

By the way, your company invest Rs 100 crore in India by 2016 to scale up business, including
setting up of a production unit,that is great, we can offer the products in SKD,and we get the BIS
certificate for the finish product.

Looking forward your reply and further business cooperation .

Einky
```

图 4–12　小孙回复的内容

二、客户跟进方法

在我们与客户进行谈判的过程中，有很多跟进的方法。

(一) 破釜沉舟

六月份光亚展期间，展会第二天早上，来了两位迪拜的客户，一老一少，父子俩。客户看了面板灯向小孙询问了一些详细的问题之后，带走了目录和样品，留下了名片和中国的电话号码就离开了。当天下午小孙就收到了客户的邮件。邀请他带上样品和资料，于当天晚上9点到对方的酒店房间详谈。

首先，来分析下这个客户。客户来自迪拜，小部分业务针对当地市场，大部分业务针对周边国家，是一个小批发商，有自己的品牌，在摊位沟通的时候他说自己在当地很知名，是大品牌。由此可以看出客户有一点自大。性格在沟通的时候可以初步判定：外向，乐于沟通，性子有点急。客户目的性也比较强，要12W面板灯圆形白光，在摊位的时候也就这个瓦数交流比较多。当时报价12.6元人民币。以上是对客户的初步分析和判断。

当天晚上，小孙去了客户酒店。其他没有多说，客户直接询问 12W 的样品以及相关资料。客户看了样品和参数资料之后，说价格太高，他的目标价格是 9.6 元人民币，还给小孙看了其他摊位的人给的报价单，的确是 9.6 元人民币。对于 9.6 元人民币的价格，小孙明确告诉客户做不了，不过要是能给出具体订单数量，可能可以在 12.6 元的基础上给一些折扣。但是客户只是说订单数量很大，但不说多大。听到客户说 9.6 元人民币，小孙就询问客户，有样品在吗？客户说没有，但声称跟小孙带来的样品是一样的。

于是，小孙开始用螺丝刀拧开面板灯后盖，边跟客户解释 12.6 元人民币和 9.6 元人民币面板灯的区别。但是，客户一口咬定东西是一样的，没什么区别："All the led panel light are the same, same same。"。这时小孙开了个玩笑，问客户，"我和您，我们一样吗？"小孙自问自答笑着说："我们一样，都是 man，但是又不一样，因为您是专业的'big boss'"。听完小孙这么说，客户就笑了。这时候气氛开始回暖，有利于接下来的谈判。接下来小孙用了"破釜沉舟"的策略。

紧接着小孙就跟客户说：你拿的报价 9.6 元人民币太贵了，我们可以提供比这个价格低的产品。客户有点好奇，因为起初小孙说 9.6 元人民币太低做不了，现在却又说太高。所以客户询问什么价格？质量如何？小孙拿着样品面板灯跟客户讲，跟这个品质一样，5.8 元人民币！客户带着怀疑的眼光说："确定一样品质？"小孙假装坚定地说："panel lights are the same, same same."

但是小孙报的这个价格能做吗？万一客户下单呢？之所以小孙敢报这个价格，原因有三点：

第一，展会的时候，小孙去展馆转了一遍，也问了一些同行，的确有厂家报价 18W 是 5.8 元人民币。既然 18W 是 5.8 元人民币。12W 为什么不能？

第二，客户在迪拜生存了十几年，他说自己公司生产的是知名品牌，那么他就不可能做质量差的产品，否则早就生存不下去了。

第三，看到客户听到价格之后满脸疑惑，就证明"破釜沉舟"的策略已经起作用了。

听完小孙的报价，并听说品质跟小孙带来的样品品质一样的时候，客户犹豫了半天之后，就问："前面的报价 12.6 元人民币，还有没有降价的空间？"到这里，十分明了，"破釜沉舟"策略起作用了。于是，小孙询问客户具体的订单数量，有了数量才好做价格调整。客户很详细地写了一个列表，总共 23000 多套小面板灯，60% 是 12W 的。根据客户的数量进行了商议之后，最终小孙给了客户 11.3 元人民币的报价。

通过以上案例我们能够看到，小孙采用了"破釜沉舟"的策略，让客户把注意力从 9.6 元或者更低转移回原来的报价，不用一直停留在解释材料不一样价格不一样的层面上。另外需要注意的是，采用这个策略需要具备一定的前提：第一，有足够的底气；第二，对市场产品行情有足够的了解。

（二）打草惊蛇

小孙有两个葡萄牙客户，跟他们有几次订单合作，这两个葡萄牙客户在同一个城市，为竞争对手，暂且编号为客户 A 和客户 B。客户 A 给小孙发邮件说准备下订单，但是之前的价格有一点高，问是否能降一点价格。小孙回复客户，请给详细的订单数量列表以便商议是否可以降价。这个精明的客户 A 就给小孙发了一个 Excel 表格详细订单，如图 4－13 所示。

图 4－17 表格中有阴影的部分就是填价格的单元格，填完价格后，右边的乱码单元格就会自动生成相对应的数字。起初看这个表格没什么特别，但是小孙很快发现了一个地方存在异常。如图 4－14 所示。

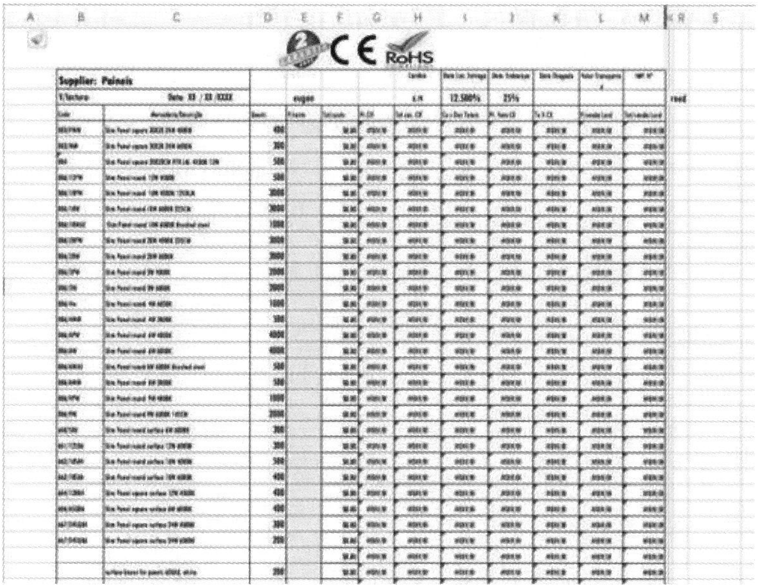

图 4-13 Excel 表详细订单

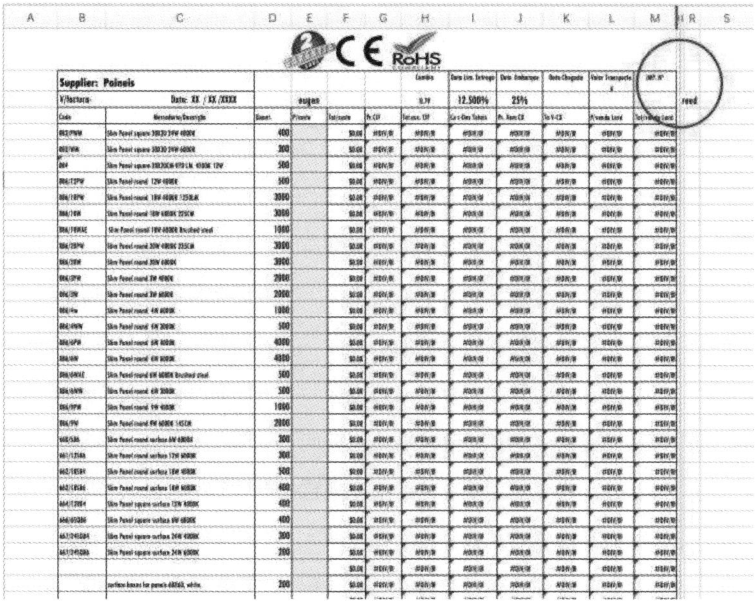

图 4-14 详细订单 Excel 表异常情况

从图 4-14 可以看到有一部分单元格被隐藏了，于是小孙好奇地把隐藏的部分拉开。如图 4-15 所示。

拉开之后，就看到了另外两个供应商的报价，的确比小孙给客户的价格低 3%~5%。小孙考虑到刚开始给这个客户的报价确实比常规报价高了 5 个百分点，又看到订单数量还是可观的，还有另外两个竞争对手竞争，所以，最后小孙给客户降价了 3%，跟其他两个供应商的报价基本持平。最终订单确认了，在收到定金的那天晚上，客户 A 发邮件跟小孙说，其实隐藏的两个供应商都是假的，是客户自己编的，只是想测试一下看是否真的有降价空间，于是用了这样一个"打草惊蛇"的小策略，然后小孙就上当了。

图 4-15 拉开隐藏部分

就这样小孙学到了"打草惊蛇"的策略。故事还没完。前面提到有另外一个客户 B，在客户 A 下单半个月后，也邮件联系小孙说准备下新订单，问是否有新的价格。在拿到客户订单数量之后，在前一个客户的经验教训上，小孙反过来利用了客户 A 所教的策略。先分析一下客户 B。如图 4-16 所示。

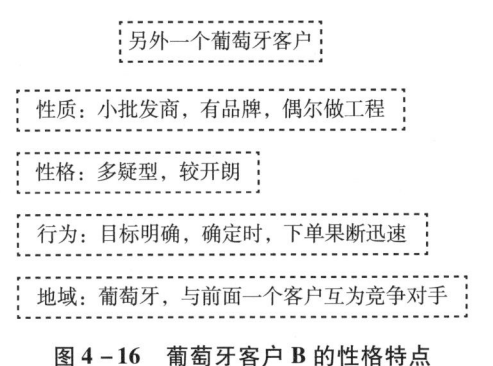

```
┌─────────────────────────────────┐
│ 另外一个葡萄牙客户                │
└─────────────────────────────────┘
┌─────────────────────────────────┐
│ 性质：小批发商，有品牌，偶尔做工程 │
└─────────────────────────────────┘
┌─────────────────────────────────┐
│ 性格：多疑型，较开朗              │
└─────────────────────────────────┘
┌─────────────────────────────────┐
│ 行为：目标明确，确定时，下单果断迅速│
└─────────────────────────────────┘
┌─────────────────────────────────┐
│ 地域：葡萄牙，与前面一个客户互为竞争对手│
└─────────────────────────────────┘
```

图 4-16 葡萄牙客户 B 的性格特点

根据以上对客户的分析，小孙做了一个 PI，PI 上的价格是在给 A 客户的报价基础上提高了 5% 的价格，抬头还是 A 客户的公司名称，小孙故意将这个 PI 发给了葡萄牙 B，在邮件发送 10 分钟后，小孙就打电话给葡萄牙 B 客户说，刚才的 PI 发错了，让他忽略，会重新做一个正确的 PI 给客户。这里小孙巧妙地利用了 A 客户教的策略"打草惊蛇"，因为两个客户在同一个城市，互为竞争对手，那么可以预期，当 B 客户看到小孙给 A 客户的价格比自己拿到的价格高 5% 个点的时候，肯定会沾沾自喜。于是，在发送正确 PI 的邮件里，小孙详细地说明了很难降价的原因，而且给客户的价格已经是很有竞争力的了。利用这个策略，B 客户很快就同意了原来的价格，并跟小孙确认了订单。

任务十 价格谈判

在买卖双方交易磋商过程中，价格是一项主要内容，是买卖合同不可缺少的条款，是国际商务活动中双方最敏感的一个问题，是双方磋商的核心和最重要的环节。价格的高低直接影响着企业的经济效益和国家的利益，它直接关系谈判的成败。因此，我们必须熟识并掌握国际商务活动中的价格谈判要略，以便在国际商务的实践中运筹帷幄，掌握主动，进而取得谈判的成功。接下来我们具体谈谈在国际贸易中的价格谈判策略和技巧。首先，我们来看价格谈判策略。

一、确定价格谈判策略

我们在进行实际的价格谈判的过程中，需要特别注意策略问题。我们从以下几个方面来进行认识。

（一）认识国际商务价格谈判的特点

1. 与国际市场的行情变化密切相关

影响国际商务谈判中价格的因素有很多，除主观方面的营销策略、谈判技巧外，主要有成本、需求、竞争、产品等客观因素，但最主要的还是国际市场行情的变化。谈判人员必须熟知国际市场的相关价格，随时随地了解价格变动的最新动态，掌握影响国际市场行情的突发性重大经济、政治事件，包括国际金融市场的状况、银行的利率及汇率变化等，以便准确地推测拟谈商品价格的走势和市场动向。

2. 以国际惯例为基础，以国际商法为准则

国际商务谈判的结果会导致资产的跨国转移，因而要涉及国际运输、国际保险、国际结算甚至国际的索赔理赔等一系列问题。所以，我们必须充分了解各种相关的国际惯例及国际法律文件，比如，国际贸易中的《2000年国际贸易术语解释通则》《跟单信用证统一惯例》《联合国国际货物销售合同公约》以及各主要贸易方式的运用等。此外，在国际商务价格谈判中，首先必须明确拟用哪种货币为计价货币，是美元、欧元，还是日元，该货币与本国货币的汇率是多少，等等。

3. 与谈判双方国家的有关政策息息相关

由于谈判双方来自不同的国家或地区，因而其价格谈判必然涉及两国间的经济甚至政治和外交关系，例如本国及对方国家的金融状况、政局是否稳定等。谈判人员必须认真贯彻执行本国的相关方针政策，执行对外经济贸易的法律法规，比如对某些出口商品的最低限价。同时还要了解掌握对方国家的有关规定：该国相关商品的关税是多少，是否有相关的贸易保护法案、禁运条款，是否需要进口许可证等。

（二）掌握报价方式

报价是国际商务谈判中非常重要的阶段。报价适当与否，对能否实现自己既定的经济利益具有举足轻重的意义。掌握好报价的分寸，会使己方在讨价还价的过程中占据有利的地位。

1. 做好市场调查，掌握行情是报价的基础

谈判人员应对来自各种渠道的商业情报和市场信息进行比较、分析，判断和预测市场变化的动向，尤其是研究有关商品的国际市场供求关系及其价格动态。无论是买方还是卖方，都应做好以下市场调查工作：拟购（售）商品的市场最高价和最低价；商品的供需状况；商品的质量性能和各项技术指标；商品价格的变化走向及幅度；同种商品不同买方之间的竞争状况；同类代用品上述各方面的情况；谈判对手的生产、经营及财务的各种情况，等等。尤其是卖方，要设法弄清买方的真正需要，正所谓"知己知彼，百战不殆"。

2. 确定最佳报价价位

谈判者报价时不仅要考虑按照自己的报价所能获得的利益，还要考虑报价成功的概率。因此，报价的基本原则就是通过反复的研究论证和比较权衡，设法找出所报价格能得到的利益与此报价能被接受之间的最佳结合点。通常，卖方应根据拟谈商品（项目）的市场行情，分析影响供求关系诸因素的变动情况，根据近期的成本并结合自己的经营意图，根据不同的谈判对象，制订一个价格幅度方案：一个是己方力求争取的最高价格，

另一个是最低价格或价格底线。通常，卖方的报价一定是最高的，并力求争取使对方接受该价格，因为卖方的报价确定了商品价格的最高幅度，而且也可以为接下来的讨价还价留下充分的余地。此外，报价也为买方提供了评价卖方产品的尺度。对买方来说，报价对所谈商品（项目）的印象和评价产生很大影响。所以，卖方一般不能在谈判之初就把自己的底线价格端出来。当然，价格的下限也并非越低越好。这首先是因为价格的高低会直接影响企业的经济效益；再者，卖方报价过低等于自贬身价。当然，切不可盲目地漫天要价，而必须基于事先所确定的合理的价格范围，否则，就可能导致谈判失败。例如在前面案例中，小孙在报价过程中，由于报价过高，使对方有所察觉。

3. 抢先报价

在国际商务活动中，抢先报价和等对方报价各有利弊。但绝大多数专家认为抢先报价利大于弊，因为先报价显得更有力量。谈判者一般都希望谈判尽可能地按照己方的意图进行并在谈判过程中树立己方的影响。抢先报价就为此迈出了第一步，并为以后的讨价还价树立了一个界碑，设立了一个有利于己方的参照目标，使对方的判断和行为有意无意地受其影响并偏向于己方的谈判目标，这实际上等于为谈判划定了一个框架或基准线，最终谈判将在这个范围内进行。在进行了详尽的研究分析和科学的估计后，由己方做出果断而自信的报价会显得非常有利。总之，先报价在整个谈判中都会持续地起作用。当然，如果己方的谈判势力不甚雄厚或对在价格行情不很了解的情况下，让对方先报价可能对己方更为有利。

4. 讨取对方的欢心

以卖方报价为例，其报价必须是合乎情理的，并且能说出报这样的价格的理由。要有针对性地强调己方的产品质量、性能等方面的优势之所在，还要强调己方的产品会给买方带来哪些益处。比如说各种附加服务或是零配件服务、送货上门、一定期限内的保修、使用期长、耐用性强等。买方如果称心，多付钱也会高兴。此外，如果卖方能成功地进行价格比较，则有较强的说服力，能使买方觉得便宜。如果卖方对所售商品的行情了如指掌，比如价格比其他公司更优惠，或者在差不多的价格的条件下能提供比同行业更为优质的服务，那就一定要详细阐述。

通过以上步骤，我们能够发现，价格谈判策略在实战中是有着举足轻重的作用。我们首先应认识其特点，然后掌握报价的方式方法，这样会事半功倍。

二、掌握价格谈判的技巧

商务谈判归根到底是价格上的谈判，保障己方的利益是商务谈判的最高准则。要谋求价格谈判的成功，双方谈判者必将进行一场斗智斗勇的博弈。谁能掌握价格谈判的技巧，谁便能主导这场商务谈判。那么价格谈判的技巧有哪些呢？

1. 不要陷入对方所设的陷阱中

买方会布置各种陷阱，引卖方小孙上钩。例如买家对小孙所提出的价格的某一特定部分，会询问其底价，然后又突然要求卖方删除这一部分，并降低总的售价。这是一种很实用的价格谈判技巧，往往也很奏效。如果遇到类似问题，小孙需要注意不能上当，特定部分的报价要恰到好处。

2. 让对方先付订金

做生意都有成本，所以小孙要尽量提出让对方支付订金的要求。比如小孙在报价之前就要告诉客户："如果发货后支付，报价需要收取2%的占压利息。但是这笔利息金在签约时先预付50%，就可以免除。"站在买方的立场，当然不希望先付钱，但在选择面前，是可以权衡的。所以要巧妙地说明己方的价格条款，一定要事先争取拿到对方的订金。

3. 暗度陈仓

小孙如果想抓住长期客户，也可以运用以下方法：首先获得对方的承诺，成交之后的细节问题必须由对方全权包办。事后，对方虽然发现自己的权益受到约束和控制，但仍旧不得不与小孙签下长期合约，将服务与保养等项目归小孙来负责，而价钱却由小孙来提出，对方不得有所异议。

4. 签约就要履行义务

不要轻易在买方所准备的文件上签字，因为一旦签了字，就必须按照对方的条件去做。而合同上的规定多半对对方有利。这么一来，小孙就会陷入被动的地位，比如使馆认证、第三方检测，以及很难满足的最晚交货期。如果客户对小孙提出："如果不在这份文件上签字，我们就不能进行工作。这是一份很普通的文件，凡是与我们有往来的客户都要在这上面签字。只要你一签字，我们马上就会开始工作。我想你也很清楚，拖延对我们双方都没有好处。"这时候，小孙如果乖乖地签字，就很可能上当了。当然除了直接拒绝，小孙还可以说，"等我们的公司法务看过了之后，我再申请同意。"

5. 如何应付买方的削价

买方应付卖方有许多办法，比如可以说"对不起，已经超出预算了。我方资金有困难。"这时候作为卖方的小孙绝对不能轻易妥协。这时候，小孙必须调查对方实际财务能力。对方如果有某项未透支的预算，一经发现，就可以请他从该项预算中挪用。当然，这时候小孙必须了解预算期限，这样才能与对方事先约好交货时间。

6. 如何与对方交换条件

一般人都对数字非常敏感。任何人都不会提出对自己无益的价格。他们通常都会选择有利于自己的价格及付款方式。有些价格谈判者会将价格进行细分化或者百分比，谈判者这时候就要小心了。因为这也许是一场数字游戏。

总之，要想在斗智斗勇的价格谈判战中获取最后的胜利，不仅需要进行详细的资料分享，还要掌握丰富的价格谈判技巧，这样才能避免价格谈判上的失误。在谈判失利的情况下，建议谈判者坚守最后的价格底线，因为谈判是为了合作，对方也不会轻易地逼人入死胡同而导致合作告吹。

任务十一　售后投诉谈判

买家的高满意度可以给卖家带来额外的交易，能够影响到产品的排序曝光，会影响其他买家的购买行为，对卖家的星级和所能享受到资源也会产生影响，因此，买家满意度对卖家来说非常重要，而售后服务则是影响到买家满意度的重要方面，以下将从三个方面讲述小孙应如何做好售后服务，从而提高买家满意度。

一、及时与买家沟通

销售完成后，买家可能对交易还存在诸多疑问，这时就需要掌握一些沟通技巧，做好售后服务，及时化解纠纷，让老买家成为小孙的交易"稳定器"。在售后的沟通中小孙需要注意以下几点问题：

1. 主动联系买家

在交易过程中多主动联系买家。卖家付款以后，还有发货、物流、收货和评价等诸多过程，小孙需要将发货及物流信息及时告知买家，提醒买家注意收货。这些沟通，既能让卖家即时掌握交易动向，又能够让买家感觉受到小孙的重视，促进双方的信任与合作，从而提高买家的购物满意度。此外，出现问题及纠纷时小孙也可以及时妥善处理。

2. 注意沟通方式

一般情况下，小孙应尽量采用邮件沟通的方式，应该避免与国外买家直接进行语音对话。用书面的形式沟通，不仅能让买卖双方的信息交流更加清晰、准确，而且能够留下交流的证据，利于后期出现纠纷时的处理。卖家要保持及时沟通工具在线，经常关注收件箱信息，对于买家的询盘要即时回复。否则，买家很容易失去等待的耐心，小孙也很可能错失买家再次购买的机会。

3. 注意沟通时间

由于时差的缘故，在小孙的日常工作（北京时间 8 点 ~ 17 点）的时候，大部分国外买家的即时通信都是离线的。当然，即使国外买家不在线，小孙也可以通过邮件及留言联系买家。不过，小孙应尽量选择买家在线的时候联系，这意味着小孙需要加班，在晚上的时间联系国外买家，因为这个时候买家在线沟通效果更好。

4. 学会分析买家情形

首先要了解买家所在地的风俗习惯，了解不同国家的语言文化习惯，以便沟通时拉近距离，并且有针对性地对买家进行回复。其次要学会从买家的文字风格判断买家的性格脾气。如果买家的语言文字简洁精炼，则可判断其办事可能雷厉风行，不喜欢拖泥带水。卖家根据买家的性格脾气，积极调整沟通方式，能促进双方沟通的顺利进行。

二、发货及物流服务

做好产品质量、货运质量是获得买家好感和信任的前提条件。没有在这些方面打牢基础，再优质的服务也无法将买家转化为忠诚的老买家。在买家维护方面，小孙需要注意三大基础：

（一）发货前要严把产品质量关

（1）在上传产品信息的时候，小孙可以根据市场变化调整产品，剔除供货不太稳定、质量无法保证的产品，从源头上控制产品质量。

（2）小孙需要在发货前特别注意产品质检，尽可能避免残次物品的寄出，优质产品质量是维系客户的前提。

（二）加强把控物流环节

（1）卖家下单后，小孙需要及时告知预计发货及收货时间，及时发货，主动缩短客户购物等待的时间；

（2）出口货物的包装不一定要精致美观，但必须保证牢固，包装一直是买家投诉的重要问题。对数量较多、数额较大的易碎品，小孙可以将包装发货过程拍照或录像，留作有纠纷产生时处理的证据。

（3）另外小孙需要注意产品的规格、数量及配件要与订单上的一致，以防漏发引起纠纷。注意提供产品清单，提高专业度。

（三）物流过程与买家及时沟通

在物流过程，买家最想了解的是产品货运进展情况，及时良好的沟通能够提高买家的交易感受。以下提供了四个买家保持沟通的交易关键点的邮件模板。

1. 在产品发货后，告知买家相关货运信息

告知买家产品已经发货，并给买家一个初步的交易等待时间区间。如果遇到脱班延迟的意外情况，也可以在邮件中告知买家，做好产品延迟到达的心理准备。

2. 提醒买家货物到达

一般货物到达前，船运公司会主动提前联系买家，卖方也需要保持关注，提前提醒对方付款赎单，以免产生滞港费。

（四）做好买家信息管理，主动出击，进行二次营销

一次简单的交易到买家确认收到后就结束了，而一个优秀的卖家仍有很多事情可以做。通过买家交易数据的整理，可以识别出那些有潜力持续交易的买家和有机会做大单的买家，从而更有针对性地维系他们并推荐优质产品，从而使这些老买家持续稳定的下单。

1. 买家信息管理

很多有经验的卖家都会使用Excel对买家订单进行归类整理。根据每个买家的购买金额，采购周期长短、评价情况、买家国家等维度来寻找重点买家。通过对买家进行分类管理，既抓住了重点买家，又减少了维系买家的成本。有一些成功的大卖家会在与买家联系的过程中，主动了解买家

的背景、喜好和所购产品线，从中识别出具有购买潜力的大买家，为后期获取大订单打下基础。

2. 主动二次营销

识别重点买家之后，小孙要做的就是把重点买家的购买力更好地掌控住。通过在线沟通、邮件、站内留言等方式，对重点买家进行二次营销。二次营销的时机具体如下：

（1）在每次有新的优质产品上线时，宣传最新产品；

（2）有一些产品在特价销售，做一些让利买家的促销活动时；

（3）在感恩节、圣诞节等一些重要节日，买家的购买高峰期；

（4）转销型买家上一次转销估计已经完成，需要下一次采购的时候。

在这些重要的时间点，主动出击展开对于买家的二次营销，将能获得老客户稳定的交易量。

三、妥善化解纠纷

纠纷是大家都不愿遇到的，但又是很难完全避免的，一方面小孙需要做好服务，学会预防纠纷，另一方面，小孙要与买家做好沟通，主动去化解纠纷。承诺的售后服务一定要兑现；预先考虑客户的需求，主动为顾客着想；当纠纷出现时，主动及时地进行沟通并努力消除误会，争取给出令买家满意的结果；对不好的反馈及时做出解释；如果一旦被顾客提出质量或者服务方面的抱怨，首先要客观回答顾客的批评，如果确实是做得不够好，一定要虚心接受，然后主动改正服务中的不足。

【思考和练习】

一、选择题

1. 接待客户参观时，可以从（   ）向客户介绍相关信息。

A. 公司的规模　　　　　　B. 公司的产能
C. 公司产品的质量　　　　D. 公司提供的服务

2. 假如你是一名外贸业务员，当没有客户询盘、没有订单时，如下（　）做法是可取的。

A. 通过努力提升自己来改变现状
B. 用积极的心态面对工作
C. 想办法找客户、找询盘、找订单
D. 抱怨老板、抱怨同事、抱怨公司

二、判断题

1. 卖方谈判是买方作为主动的一方，为推销商品或服务进行的谈判。
（　　）
2. 按照国际惯例，以正门为准，主人应面向正门而坐。　　（　　）

三、问答题

1. 跨境电子商务谈判开局阶段应考虑的因素有哪些？
2. 在跨境电子商务谈判中，如果先报价，有哪些好处？

四、案例题

山东某市塑料编织袋厂与日本客商的谈判

1984 年，山东某市塑料编织袋厂厂长获悉日本某株式会社准备向我国出售先进的塑料编织袋生产线，立即出马与日商谈判。谈判桌上，日方代表开始开价 240 万美元，我方厂长立即答复："据我们掌握的情报，贵国某株式会社所提供的产品与你们完全一样，开价只是贵方的一半，我建议你们重新报价。"一夜之间，日方列出详细价目清单，第二天报出总价 180 万美元。随后在持续 9 天的谈判中，日方在 130 万美元的价格上再不妥协。我方厂长有意同另一家西方公司做洽谈联系，日方得悉，总价立即降至120万美元。我方厂长仍不签字,日方大为震怒,我方厂长拍案而起:"先生,中国不再是几十年前任人摆布的中国了,你们的价格、你们的态度都是我们不能接受的!"说罢把提包甩在桌上,里面那些西方某公司设备的照片散了满地。日方代表大吃一惊,忙要求说:"先生,我的权限到此为止,请允许我再同厂方联系请示后再商量。"第二天,日方宣布降价为110万美元。我方厂长在拍板成交的同时,提出安装所需费用一概由日方承担,又迫使日方让步。

请分析下列问题:

(1) 我方厂长在谈判中运用了怎样的技巧?

(2) 我方厂长在谈判中稳操胜券的原因有哪些?

(3) 请分析日方最后不得不成交的心理状态。

五、操作题

请同学们组成2组,模拟国际贸易商务谈判

步骤一:谈判准备

商务谈判之前首先要确定谈判人员,与对方谈判代表的身份、职务要相当。谈判代表要有良好的综合素质,谈判前应整理好自己的仪容仪表,穿着要整洁、正式、庄重。男士应刮净胡须,穿西服必须打领带。女士穿着不宜太性感,不宜穿细高跟鞋,应化淡妆。布置好谈判会场,采用长方形或椭圆形的谈判桌,门右手座位或对面座位为尊,应让给客方。谈判前应对谈判主题、内容、议程做好充分准备,制定好计划、目标及谈判策略。

步骤二:谈判之初

谈判之初,谈判双方接触的第一印象十分重要,言谈举止要尽可能营造出友好、轻松的谈判气氛。作自我介绍时要自然大方,不可露傲慢之意。被介绍到的人应起立一下微笑示意,可以礼貌地道:"幸会""请多关照"之类。询问对方要客气,如"请教尊姓大名"等。如有名片,要双手接递。介绍完毕,可选择双方共同感兴趣的话题进行交谈。稍做寒暄,以沟通感情,创造温和气氛。谈判之初的姿态动作也对把握谈判气氛起着重大作用,注视对方时,目光应停留于对方双眼至前额的三角区域正方,这样使对方感到被关注,觉得你诚恳严肃。手心冲上比冲下好,手势自然,不宜乱打手势,以免造成轻浮之感。切忌双臂在胸前交叉,那样显得十分傲慢无礼。谈判之初的重要任务是摸清对方的底细,因此要认真听对方谈话,细心观察对方的举止表情,并适当给予回应,这样既可了解对方意图,又可表现出尊重与礼貌。

步骤三:谈判之中

这是谈判的实质性阶段,主要是报价、查询、磋商、解决矛盾、处理冷场。

报价——要明确无误,恪守信用,不欺蒙对方。在谈判中报价不得变幻不定,对方一旦接受价格,即不再更改。

查询——事先要准备好有关问题,选择气氛和谐时提出,态度要开诚布公,切忌气氛比较冷淡或紧张时查询,言辞不可过激或追问不休,以免引起对方反感甚至恼怒。但对原则性问题应当力争不让。对方回答查问时不宜随意打断,答完时要向解答者表示谢意。

磋商——讨价还价事关双方利益,所以容易因情急而失礼,因此更要注意保持风度,应心平气和,求大同,容许存小异。发言措辞应文明礼貌。

解决矛盾——要就事论事,保持耐心、冷静,不可因发生矛盾就怒气冲冲,甚至进行人身攻击或侮辱对方。

处理冷场——此时主方要灵活处理,可以暂时转移话题,稍做松弛。如果确实已无话可说,则应当机立断,暂时中止谈判,稍做休息后再重新进行。主方要主动提出话题,不要让冷场时间持续过长。

步骤四:谈后签约

签约仪式上,双方参加谈判的全体人员都要出席,共同进入会场,相互致意握手,一起入座。双方都应设助签人员,分立在各自一方代表签约人的外侧,其余人排列站立在各自一方代表身后。助签人员要协助签字人员打开文本，用手指明签字位置。双方代表各在己方的文本上签字，然后由助签人员互相交换，代表再在对方文本上签字。签字完毕后，双方应同时起立，交换文本，并相互握手，祝贺合作成功。其他随行人员则应该以热烈的掌声表示喜悦和祝贺。

项目五

跨境电商物流、融资与风控

【学习目标】

（一）知识目标

1. 了解跨境物流不同模式的特点
2. 了解报关与通关的方法
3. 了解一达通融资的3种融资方式
4. 了解跨境电商的风险类型

（二）能力目标

1. 掌握选择跨境物流模式的方法
2. 了解物流流程中的注意事项
3. 掌握一达通信用证融资的方法
4. 了解跨境电商风险控制的基本方法

【项目情景】

E企业位于北京郊区，是一家经营美容仪器外贸出口的B2B企业，除了在敦煌网和阿里巴巴国际站销售产品之外，也负责生产产品和进行售后服务、远程维修等。E企业的业务规模在去年迅速扩大，以前只面对北美客户，现在逐渐增加了欧洲和亚洲的新客户。原有的北美物流线路，随着业务的扩大和客户区域的改变,已不能适应公司现状,全球物流行业的迅速发展,也使该企业面临着物流模式的调整和跨境电商风险控制的考验。另外,随着产品交易逐步扩展到世界各个区域,为了方便资金的周转,企业也在考虑使用跨境电商融资来进一步扩大业务。

【相关知识】

一、跨境电商物流模式

(一) 邮政包裹模式

邮政物流是各个国家邮政部门的物流系统,网络基本已经覆盖全球,是覆盖范围最广的一种物流模式。中国邮政与世界上各个国家和地区建立了通邮关系,其中与180多个国家和地区建立了邮件总包直封关系;与110多个国家和地区建立了国际EMS业务关系;国际邮政速递业务可以通达200多个国家和地区。中国在2002年与日本、韩国、美国、澳大利亚、中国香港地区的邮政部门成立了卡哈拉邮政合作组织(KPG),提高了跨境电商邮政物流的竞争力。[①]

邮政包裹模式主要如下:

(1) EMS。特快专递邮件业务由中国邮政与各国邮政合作开办,主要从事中国与其他国家以及中国港澳台地区之间的邮件特快专递服务。有优先通关权,投递网络覆盖范围广,价格相对较为便宜,是以实际重量计费的,比较适合小件物品或对时间要求不高的货物的投递。但对于商业快递来说,EMS的投递速度比较慢,运送大件货物时价格相对比较高。由于各个国家和地区的海关清关时间不同,包裹到达时间也有所不同,一般来

---

① "中国邮政已与世界200多个国家和地区建立通邮关系",新华社,https://baijiahao.baidu.com/s?id=1644998043566926518&wfr=spider&for=pc。

说，由中国发往美国的包裹在15天以内可以到达。包裹投递的时限标准、资费标准、体积重量限制等信息可以在EMS官方网站www.ems.com.cn的"服务指南"中查看。

（2）国际E邮宝（ePacket）。国际E邮宝是中国邮政为了适应跨境电商物流市场的需要，为中国的跨境电商卖家推出的一款经济型邮递产品，主要针对轻小件物品的空邮。目前ePacket业务范围由美国、俄罗斯、加拿大等6国扩大至意大利、新西兰、韩国、北欧三国等20个路向。一般情况下，货物投递时间为，墨西哥20个工作日，沙特阿拉伯、乌克兰、俄罗斯7~15个工作日，其他路向7~10个工作日。ePacket的资费标准及相关规定等信息可以在https://www.aizhan.com/cha/shipping.ems.com.cn中查询。

（3）中邮小包。中邮小包即中国邮政航空小包（China Post Air Mail），包括挂号和平邮两种服务，可寄达全球各个邮政网点。中邮小包相对于其他物流模式，尤其是商业快递模式有绝对的价格优势，是一种性价比比较高的物流方式，主要适用于单个包裹重量较轻、对包裹跟踪查询要求不高的产品投递。另外，中邮小包对包裹的限重只有2千克，属于民用包裹，所以如果是重量太大的产品不宜使用这种方式。

（4）中邮大包。中国邮政大包包括航空包裹、空运水陆路包裹和水陆路包裹，同样有着投递网络覆盖范围广的优点。包裹重量在2千克以上，可以通过中邮大包的渠道寄往全球200多个国家和地区，适用于对时效性要求不高的重量稍重的货物。各个寄达国家的重量限制和资费信息可以在https://www.china.cn/kuaidi/zyqftvz.shtml.上查询。

（5）其他邮政小包。除了上面介绍的中国邮政物流渠道外，其他国家和地区的小包渠道也各有各的优势。香港地区邮政小包直接送往香港邮政机场空邮中心，而无须经过多个环节的中转，节约了派送时间，适合网上卖家邮寄重量轻、体积较小的物品，香港地区邮政小包的离岸处理时间需要1~3天，目前eBay和ALIEXPRESS卖家很多选择通过香港地区邮政小包发货，网址：www.hongkongpost.HK。新加坡邮政小包，和香港国际小包服务一样是针对小件物品的空邮产品,可发内置电池产品,寄达全球各个邮政网点,网址:www.singpost.com。瑞士小包,价格相对比较高,整体来说相对比较稳定,在一些欧洲申根国家免保管,时效性更强一些,网址:www.poste.ch/en/post-startseite.htm。

(二) 商业快递模式

1. 国际商业快递模式

国际商业快递模式主要包括 DHL、TNT、FedEx 和 UPS,这些国际快递商通过自建的全球网络,利用强大的 IT 系统和遍布世界各地的本地化服务,为网购中国产品的海外用户提供物流服务。这四大国际快递公司时效性普遍较高,例如通过 UPS 寄送到美国的包裹,最快可在 48 小时内到达。高时效性同时也对应着高价格,所以通常在客户对时效性要求较高的情况下,使用商业快递模式。见表 5-1 所示。

表 5-1　　　　　　　　四大国际快递公司比较

国际商业快递	DHL	TNT	FedEx	UPS
总部所在地	德国	荷兰	美国	美国
特点	欧洲一般3个工作日,东南亚一般1~2个工作日。5.5kg以下物品发北美和英国有绝对优势	欧洲一般3个工作日送达。西欧国家通关速度快	一般2~4个工作日送达。21kg以上发东南亚、中南美洲和欧洲比较有优势	北美线路具有绝对优势,速度相对很快。6~21kg发英国和南美比较有优势
网址	www.cn.dhl.com	www.tnt.com	www.fedex.com/cn	www.ups.com

2. 国内商业快递模式

国内快递主要指顺丰和"四通一达",在跨境物流方面,申通和圆通的布局相对较早,不过也是近几年才开始大力拓展跨境物流业务。比如美国申通 2014 年 3 月才上线,圆通也是 2014 年 4 月推出中国大陆至韩国全境统一收费的快件服务,承诺 72 小时内的门到门服务,开启了圆通的跨境电商物流业务。顺丰的跨境物流业务相比之下更成熟一些，目前已经开通到美国、澳大利亚、韩国、日本、新加坡、马来西亚、泰国、越南等国家的快递服务，发往亚洲国家的快件一般2~3天可以送达。

3. 专线物流模式

专线物流一般是指货物通过航空包舱的方式运送到国外，然后再通过与当地物流公司协作进行目的地国内派送。专线物流模式可以汇集到某一指定国家或地区的大批货物，从而达到降低成本的目的，因此，专线物流的价格一般要比商业快递低，而在时效方面稍慢于商业快递。

目前最遍及的专线物流包括俄罗斯专线、美国专线、欧美专线、澳洲专线、中东专线、南美专线、南非专线等。

（1）俄速通（Ruston）。俄速通是由黑龙江俄速通国际物流有限公司推出的针对俄语国家的跨境电商物流服务。2014年3月，俄速通上线阿里巴巴速卖通；2015年1月，俄速通上线敦煌网，成为被平台卖家广泛认可的对俄物流专线服务商。自开通了"哈尔滨—叶卡捷琳堡"中俄跨境电商航空专线运输，大大提高了中俄跨境电商物流的时效性，物流平均时间从过去的近两个月缩短到13天，80%以上的包裹25天内送达。

主要业务包括俄罗斯航空小包，专为速卖通平台上的电商设立，是速卖通平台的"合作物流"。由于俄罗斯航空小包是俄速通与俄罗斯邮局联合推出的一项物流服务产品，境外递送环节全权由俄罗斯邮政承接，因此递送范围覆盖俄罗斯全境。一般16~35天到达俄罗斯全境，48小时内上网，货物全程可视化追踪。揽收区域（广东省、福建省、江苏省、浙江省、上海市）内，5件起免费上门揽收，小于或不在揽收区域范围内的卖家需自行发货至集货仓。俄罗斯大包，也叫Ruston-商业大包，在俄罗斯境内采用水、陆、空（部分地区）结合的特殊运输方式，因此有较高的性价比，平均时效是通关后20~30个工作日，具体情况参考目的地是否偏远和俄罗斯当地情况，重量限制为最多20公斤，无起重费，最大尺寸为单边1.5米，三边长总和最大可为1.8米。俄罗斯3C小包，可以邮寄带有手机电池、纽扣电池、化妆品等通常航空小包禁止邮寄的物品，并对包装有一定的要求，干净快递袋包装，封口处贴胶仅限制在刚好封口为止，不需按货物体积折贴快递袋，禁止使用透明胶带封口或对包装进行二次封缠。3kg 以上包裹需用白色布口袋包装。客户需将收件人信息和运单号贴在快递袋中心位置，标签大小不可大于 14cm×10cm。一般货物 16~30 天左右到达俄罗斯目的地，35 天俄罗斯全境到达。

（2）燕文国际出口专线。是由北京燕文物流有限公司通过整合全球速递服务资源，利用直飞航班配载，由国外合作伙伴快速清关并进行投递服务，燕文网站可全程追踪。目前已开通美国专线、欧洲专线、澳洲专线、中东专线和南美专线，以上专线除南美专线一般需要 7~10 个工作日送达外，其他专线一般需要 4~6 个工作日送达。其他操作规范和物流追踪可在 www.yw56.com.cn 上查询。

（3）Aramex 中东专线。Aramex 成立于 1982 年，是第一家在纳斯达克上市的中东国家公司，提供全球范围的综合物流和运输解决方案，是以专门的航线将货物发送到中东地区的国家，在当地有很大的优势，DHL 部分中东货件也是由 ARAMEX 清关和派送。目前 Aramex 对接的国内仓库有海佰首仓库、杭州仓库、义乌仓库、深圳宝安仓库、温州仓库、青岛仓库等，是国际货物邮寄中东地区国家的首选，在价格上具有优势，无须附加偏远费用，时效也相对比较有保障，一般 3~5 天即可投递。

4. 海外仓储模式

海外仓储服务卖家将要销售到目的地的货物先存储在当地的仓库中，当地买家下单时，仓库可以立即响应，及时对货物进行分拣、包装以及派送。所以，海外仓储就是指在销售目的地进行货物仓储、分拣、包装和派送的一站式控制与管理服务，流程包括头程运输、仓储管理和本地配送三个部分。

头程运输：中国商家将产品通过海运、空运、陆运或者联运方式将商品运送至海外仓库。

仓储管理：中国商家借助物流信息系统，对海外仓储货物进行远程操作，从而实时管理库存。

本地配送：根据接收到的订单信息，海外仓储中心在完成分拣和包装后通过当地邮政或快递将商品配送给客户。

跨境电商中物流的快慢已经成为客户满意的一个重要的因素，能够更快地收到产品成为一个重要的竞争优势。拥有自己的海外仓储，能从买家所在国发货，可以缩短订单周期，完善客户体验，提升重复购买率。结合国外仓库当地的物流特点，可以确保货物安全、准确、及时地到达买家手中。然而，海外仓储模式虽然解决了跨境电商物流成本高昂、配送周期漫长的问题，却并不是任何产品都适合海外仓储模式。总体来说，库存周转快的热销单品更适合海外仓储模式，周转慢的商品则容易出现压货的现象。

（1）亚马逊 FBA。

FBA 的全称是 Fulfillment by Amazon，它是由亚马逊提供的包括仓储、拣货打包、派送、收款、客户服务和退货处理的一条龙式物流服务。使用亚马逊 FBA 服务可以提高客户的信任度，提高 listing 排名，减轻客户服务的压力，利用亚马逊丰富的物流经验和遍布全球的仓库，提高对货物的管理能力，还有在买家下单后配送速度也相对较快。但是，FBA 不为卖家的头程发货提供清关服务，只能用英文和客户沟通，灵活性相对较差，如果前期工作出现问题，比如标签打印问题，就会出现货物无法入库这样的问题。另外，一般来说 FBA 比国内发货的费用稍微偏高，这也是作为卖家应该考虑的范畴。

（2）第三方海外仓。

海外仓储模式主要分为两种：自建仓和租用仓。其中，自建仓的门槛较高，租用仓作为提供成套服务的第三方海外仓储业务成为众多卖家的选择。与亚马逊 FBA 相比，第三方海外仓储的选品范围更广泛，亚马逊 FBA 对产品的尺寸、重量和类别都有一定的限制，而第三方海外仓储在体积和重量的要求上更宽松，并且还可以提供头程清关服务。亚马逊 FBA 只向亚马逊平台上的卖家开放，而第三方海外仓储则向所有的跨境电商卖家开放，对于卖家来说起到了货物中转的作用，更具灵活性。但是第三方海外仓储无法向卖家提供推广服务,并且不能提供售后与投诉服务,安全性也相对没有亚马逊 FBA 好。

上面四种模式基本涵盖了当前跨境电商的物流模式和特征,但并不是这几类物流模式中所有服务商的特点都类似。例如,比利时邮政虽然属于邮政包裹模式,但提供的产品服务远比其他邮政产品优质。

在选择适合的跨境电商物流模式的时候,首先应该根据所售产品的特点(尺寸、安全性、通关便利性等)来选择合适的物流模式,比如像家具这样的大件产品就不适合选择邮政包裹渠道,而更适合海外仓储模式;其次,根据淡旺季不同的特点灵活使用不同的物流方式。例如,淡季时可使用中邮小包降低物流成本,旺季时则可采用香港邮政或者比利时邮政确保时效;最后,售前应向买家提供不同的物流模式选择,明确各种物流方式的特点,让买家根据实际需求来选择合适的物流模式。

二、报关与通关

报关与通关是跨境电商物流必不可少的环节,跨境电商企业需要在通关服务平台上完成申报,同时海关、税务、检验检疫等部门可以在通关服务平台上获得产品信息,实现产品交易全程监管。

报关指的是进出境运输工具的负责人、货物和物品的收发货人或其代理人,在通过海关监管口岸时,依法进行申报并办理有关手续的过程。报关涉及的对象有两种,进出境的运输工具和货物。由于不同运输工具和货物的性质不同,报关程序也不尽相同。船舶、飞机物流的货物通常应由船长或机长签署到达或离境报关单,交验载货清单、空运或海运单等单证向海关申报,以上单据作为海关对装卸货物实施监管的依据。而货物和物品则应由收发货人或代理人,按照货物的贸易性质或物品的类别,填写报关单,并随附有关的法定单证及商业和运输单证报关。

通关即结关或清关,是指货物通过目的地国海关关境或国境时必须向海关申报,办理各项手续和履行各项法规规定的义务。只有在履行了各项义务，办理了海关申报、查验、征税、放行等手续后，货物才能通过。同样，载运进出口货物的各种运输工具进出境时，也需要向海关申报，办理海关手续，得到海关的许可。所以通关一般包括申报、查验和放行这三个阶段。首先申报需要发货人根据合同的约定准备货物和组织安排运输事宜，并准备向海关办理报关手续，或委托代理报关公司办理报关手续。一般来说，报关需要的单证有出口货物报关单、托运单、发票、贸易合同、出口收汇核销单和海关监管条件涉及的各类资质和证件。需要注意的是，出口货物的报关时限为24小时，那些不需要征税费和查验的货物，自接受申报起1日内办结通关手续。其次，海关对实际货物与报关单证进行核对，通过查验海关可以对申报审单环节提出的疑点进行验证，为征税、统计和后续管理提供监管依据。货物自接受申报起1日内开出查验通知单，1日内完成查验，除需缴税外，查验完毕4小时内办结通关手续。根据《中华人民共和国海关法》的规定，进出口货物除国家另有规定，均征收关税，自接受申报1日内开出税单，并于缴核税单2小时内办结通关手续。查验后，海关会在出口装货单上加盖"海关放行章"，发货人凭此证起运出境。海关接受申报并放行后，由于运输工具等原因，部分货物未能装载的，发货人应及时向海关提交《出口货物报关单更改申请单》及更正后的箱单发票和提单副本。

若遇到货物被扣关情况，海关部门会向发货人或收货人出具一份扣关原因的说明，一般来说海关扣关的原因有商品货物填写不详细、不清楚，需重新提供证明函，具体说明货物的品名和用途；货物申报价值过低；货物单、证不齐全；进出口国家禁止进出口的敏感货物或者限制进出口的物品。货物一旦被扣关，发货人和收货人应尽量配合海关，提供相应的文件。为了尽量避免货物被扣关的现象，卖家应做好相关的准备工作，首先应选择安全的递送方式，比如如果使用EMS配送就算被海关扣关，也可以免费退回发货地点。另外，发货人应了解各国政策，比如澳大利亚虽然通关相对比较容易，但是海关不允许电池类产品入境，因此电池或带电池的产品应避免发往澳大利亚。还要注意，不同性质的产品被扣关的概率不同，重量越重的包裹被海关扣关的可能性越大，电子产品的扣关概率也相对比较高。

三、一达通融资

随着大数据时代的到来，信息技术得到迅速发展与广泛应用，以互联网作为基础设施和载体的互联网金融极大地冲击了传统金融市场。同时，专业平台为资金供需方提供资金与信息直接融通的渠道，一定程度上缓解了信息不对称的问题。作为植根于外贸的专业平台，一达通自2010年11月加入阿里巴巴后，形成了从"外贸信息"到"外贸交易"一站式的外贸综合服务。阿里巴巴和一达通联合中行、招行、建行、平安、邮储、上海银行、兴业银行推出了基于网商信用的无抵押贷款计划，集中解决中小企业融资困难的问题。

阿里巴巴一达通的外贸融资服务，可完整地覆盖出口贸易不同阶段中的资金需求，为买卖双方提供全面的、安全的资金保障，降低贸易风险及成本，一站式解决外贸各环节的融资要求。

目前一达通已开展三项融资业务：一达通流水贷（纯信用融资）、超级信用证（信用证融资）和保单贷（中信保保单融资）。一达通流水贷面向使用阿里巴巴一达通出口基础服务的客户，由阿里巴巴联合平安银行、建行和上海银行共同推出，通过一达通出口1美金，最高可获得1元人民币的纯信用额度，以出口额度积累授信额度的无抵押、免担保、纯信用贷款服务。使用该服务的客户可以申请授信额度全程免费，1年有效期内有资金需求随时支用，不支用不收取费用，无抵押、免担保的纯信用贷款，年化综合成本14%起，最高可贷人民币500万元，按月付息，到期还本，随借随还。

一达通超级信用证面对不熟悉信用证操作方式、资金周转有困难的出口企业。信用证是国际上一种有140多年历史的结算方式，因为银行信用介入，商人只要提供相应的单据，银行在这些单据相符的情况下，承担付款责任，解决了信用对称的问题。但是，在实际的操作中，信用证是一种比较复杂的付款方式，大量的专业名词、欺诈条款、软条款，让很多企业对这种付款方式没有头绪，而最终选择先款后货的结算方式。一达通超级信用证所承担的专业审证、制单等的全程业务，可以让中小企业承接信用证订单。提供信用证打包服务，每个客户可以最高申请500万元人民币授信额度，单笔额度最高200万元，完成双审的一达通会员，提供近半年通关记录，即可申请。信用证融资服务，每个客户最高可以申请1000万元信用额度，单笔额度最高300万元，完成双审的一达通会员就可申请。操作主要流程包括上传信用证草稿；查看一达通专家团队给出的建议并反馈意见；联系买家开证后将信用证的相关信息补充完整；生产备货并安排发货；提供出口货物的相关信息如包装、毛净重体积等以备制单之用；等待收款。

中信保保单融资是指中国出口信用保险公司（中信保）提供给买家的回款保险，保障货款安全收回，是阿里巴巴提供的一项尾款融资服务，可以加速资金周转。这是一项从风险保障、融资支持两个维度出发，帮助中小企业解决赊销结算中的风险和融资问题的融资服务。相比传统贸易，保单贷通过引入信用保险，共享中信保海量信用数据，帮助中小企业更好地把控买家风险。

四、跨境电商风险类型

目前我国的跨境电商出口企业在跨境电商业务流程中主要存在以下几类风险。

（一）政治政策类风险

一个国家的经济政策、金融政策和贸易政策等都会对该国的进口贸易有直接的影响，这些影响也会相应地转移成跨境电商风险。在一些新兴市场，跨境电商出口销量下滑，就有很大程度是政治政策类的因素。

来自国外的政治政策风险主要包括战争、贸易争端、政治经济制裁、灌水提高、反倾销、反补贴、各种临时政策等。来自国内的政治政策风险主要包括出口退税政策调整、汇率的变化、进出口许可证制度的变化、外汇政策的变化、检验制度的调整等。

(二) 法律风险

跨境电商是指通过电子商务的方式使传统国际贸易流程中的会展、产品展示、洽谈、交易等环节电子化,通过跨境电商物流的各种模式完成交易的一种国际商业活动。所以,跨境电商的法律风险必然会涉及不同的法律领域,而我国的跨境电商相关法律法规建设也在不断完善中,在这个过程中也就会产生一系列的法律风险问题。在全球电子商务中,也还没有国际组织统一指导立法,也没有统一的法律原则。各国关于电子商务的立法差别较大,一般都是根据自己国家的电子商务发展的实际状况,制定不同的跨境电商立法标准。

(1) 知识产权风险:欧美国家以反倾销对中国传统外贸构建起贸易壁垒,但随着中国跨境电商的发展,以及对海外本土市场的冲击,知识产权又成为其对中国品牌构建的"新壁垒"。中国的知识产权道路还在不断的探索当中,在过去的很长一段时间里,中国人对于知识产权缺乏具体概念,盗版、侵权现象司空见惯,价格低廉的盗版产品似乎更受消费者的欢迎。近年来,当越来越多的中国企业涉足跨境电商,或跨境电商创业的时候,在重视专利、知识产权的欧美市场,中国制造再度受到围堵,亚马逊、Wish 等跨境电商平台也不断加强对于专利的保护和打击侵权的力度。然而,缺乏知识产权意识的中国跨境电商企业、卖家,不仅会在侵权的时候被控诉,往往也会被买家钻空子权益受到侵犯而蒙受损失。作为中国跨境电商企业、卖家应注意为自己的产品申请专利保护,这样在被侵权时,专利就是申诉维权最强有力的证据。

(2) 跨境交易资金风险:很多从事跨境电商的中小企业由于自身资金实力不足,对于跨境支付交易过程中安全性、支付成本、放宽效率、资金安全也应着重注意。不少中小企业对跨境电商平台的相关条款没有完全理解吃透，对国外的法律法规不太了解，比如，跨境电商平台大部分都会以买家的利益为主，在遇到纠纷时，基本都会首先维护买家的权益，卖家资金往往很快被平台冻结。中小企业没有时间也没有精力承担相应的上诉流程，而这些被冻结账户的跨境电商卖家可能在知识产权等方面确实有这样那样的瑕疵，使得中国跨境电商企业面临着在资金上的风险。

（三）物流风险

跨境电商物流在跨境电商中起着举足轻重的作用，但因其长距离的配送、跨越国界经过众多物流节点的特征，使物流风险较容易形成，这也是制约跨境电商进一步发展的主要瓶颈。不管货物是以邮政或快递模式从空运、陆运或海运口岸出境，还是企业以一般货物的形式发送至目的地国的海外仓，在确认订单后直接由海外仓发给当地或可辐射区域的买家，都面临着比较复杂的物流环境。

目的地国的政治、社会环境等因素对物流有着比较大的影响。另外，各国发生自然灾害的情况、对于跨境电商包裹海关通关政策的改变、各国宏观经济的波动，都在一定程度上影响着物流的配送效率和物流成本。

在海外市场方面，行业竞争对手直接影响着使用海外仓物流的跨进电商企业的市场份额，从而决定了海外仓的库存风险问题。由于市场波动等原因造成企业对需求量的误判时，会导致跨境电商企业在仓储和物流上的成本加大。另外产品退还率的升高，由产品属性和仓储条件造成的库存风险也使海外仓物流面临风险。

另外在海关通关过程中，会产生一定的过境物流风险。使用邮政和快递进境的一般货物，综合抽查率一般较低，虽然会出现灰色清关减免税费的可能，但总体通关效率较低且会有规范结汇、出口退税和物品退换货的困难，从而增大了物流风险。由于跨境电商物流多节点的特性，相对于境内运输更容易出现人工分拣出错、多语言操作误区、货物破损、丢失和延迟投递等问题，如若出现配送地址错误的情况会大大增加物流成本，影响客户体验。

(四) 支付风险

当前我国跨境电商的业务操作和交易流程中，主要在第三方支付机构的信息审核、支付业务，监管机构的信息核查、外汇信息统计以及网络支付渠道的资金交付安全等方面可能会出现支付风险，如交易主体信息的真伪性、交易汇率的浮动，等等。

浮动汇率是当前国际货币结算中的重要工具，汇率的实时变化在很大程度上影响了国际贸易结算，汇率随着市场的变化波动，而汇率的变动直接关系到资金的实际购买力。在跨境电商中，不可避免地会遇到货币汇率的变动问题，这与国内使用本币进行结算不同，需要本币与外币之间的汇率折算，直接或间接地影响到买卖双方的利益分配问题，从而带来支付风险。

在支付过程中，如选用第三方支付机构进行跨境支付，也面临着一定的风险，外汇管理制度中存在第三方支付机构定位不明确的问题。在支付过程中，第三方支付机构只是承担了部分类似银行的外汇处理职责，但是从性质上考虑，第三方支付机构并不是金融机构，如何从法律角度明确第三方支付机构的外汇管理还是待解决的问题。传统外汇管理的机制中只涉及银行和当事主体，监管机构可以及时有效地进行相关方面的统计，但是在跨境支付领域中，第三方支付机构的定位是跨境交易的收付款方。因此，交易资金将在第三方支付机构中大量沉淀，不仅会产生资金安全的问题，还将影响到国际机构对外汇统计的问题。

【任务分解】

任务十二　物流优化

在选择适合的跨境电商物流模式的时候，首先应该根据所售产品的特点（尺寸、安全性、通关便利性等）来选择合适的物流模式。E 企业的美容仪器产品尺寸不等，而任何物流公司提供的包装均有固定尺寸规格，所以公司物流包装箱采用了第三方定做的方式，按不同产品的尺寸，包装成不同尺寸的包裹。其中尺寸稍大的立式减肥仪等仪器显然不适合选择小包类物流，公司业务集中在北美地区，美容仪器的利润相对较高，而客户下单后，产品制造还要花费一定的时间，所以在物流上公司选择了服务质量和时效性较高的国际快递模式——UPS 国际快递。

UPS（联合包裹服务公司）是世界上最大的快递承运商与包裹递送公司之一，同时也是专业的运输、物流、资本与电子商务服务的领导性的提供者之一。

UPS 对包裹的要求如下：

包装：非纸箱包装或者是畸形包装，加收人民币 40 元/件。

重量：单件实重超过 32kg（实际重量≥32kg），加收人民币 40/件。最长边长度>152cm 或第二长边长度>76cm，加收人民币 40 元/件。墨西哥申报价值超 1000 美金需提供原产地证。美国纺织品加收 30 元/票。

偏远费：人民币 3.5 元/kg×当月燃油，最低人民币 171 元×当月燃油；申报价值超过 120 美元需加收人民币 25 元/票；可接内置电池产品，加收电池费用 50 元/票。

UPS 面对中国客户的费率分为两类，适用于海南省、广东省、广西壮族自治区、云南省、福建省、江西省、湖南省和重庆市和适用于海南省、广东省、广西壮族自治区、云南省、福建省、江西省、湖南省和重庆市以外地区。E 企业地处北京，可使用的服务如下，见表 5-2。

表 5 – 2　　　　　　　　E 企业使用的服务

服务	递送承诺	服务范围	优点
1~3 天			
UPS 全球特快加急服务 UPS Worldwide Express Plus	保证在早晨送达的货件： ● 早晨 8：00 或 8：30 前送达美国主要城市 ● 早晨 8：30 前送达加拿大 ● 早晨 9：00 前送达亚洲主要城市、美国其他 4000 多个城市和欧洲的主要商业中心 ● 对于进口货件，保证在早晨 9：00 或 11：00 前将货件送达指定地区	送达美国、欧洲和亚洲主要城市	● 紧急货件的理想选择 ● 优先处理 ● 适用于 UPS10 千克箱和 UPS25 千克箱
UPS 全球特快服务 UPS Worldwide Express	保证在指定时间送达的货件： ● 早晨 10：30、中午 12：00、下午 2：00 或下午 3：00 前送达美国、欧洲和亚太三个地区的大部分区域，美洲特定区域以及加拿大主要城市 ● 中午 12：00 或下午 2：00 前送达您所在国家的大部分地区	送达美国国内大部分地区，加拿大、欧洲和亚洲各主要城市，以及美洲特定区域	适用于 UPS10 千克箱和 UPS25 千克箱
UPS 全球特快货运® UPS Worldwide Express Freight ®	保证在工作日结束前送达，享有门到门的准时送达保证；转运时间一般为 1~3 个工作日，视具体目的地而定	送达全球 60 多个国家和地区	● 门到门和非门到门递送服务可供选择 ● 针对超过 70 千克的托盘货件
UPS 全球特快货运日中送达服务 UPS Worldwide Express Freight Midday	保证在工作日结束前送达，服务覆盖范围遍及全球 220 多个国家和地区	送达全球 220 多个国家和地区	● UPS 全球限时快递的一项经济实惠型的服务 ● 适用于 UPS10 千克箱和 UPS25 千克
3~5 天			
UPS 全球快捷服务 UPS Worldwide Expedited	在亚洲境内递送或从亚太地区送至欧洲、南北美洲的主要商业中心，最快仅需 3 个工作日	在亚洲境内递送或从亚太地区送达欧洲、南北美洲的主要商业中心	● 非紧急货件的经济选择 ● 指定日期和转运时间，让您能够计划递送日

UPS 测量重量和尺寸：

步骤一：计算实际重量

将包裹称重，测得数值的小数部分取下一个半千克数。例如：测得的数值为4，即为4千克，数值为4.5，即为4.5千克；如测得的数值为4.25，则取4.5千克，数值为4.75，则取5千克。

步骤二：计算体积重量

度量数值为非整厘米数时，将取数值的小数部分至最接近的下一个整厘米数。将包裹的总体积尺寸数值除以5000得到以千克为单位的体积重量，计算出的数值的小数部分取下一个半千克数。如图5–1所示。

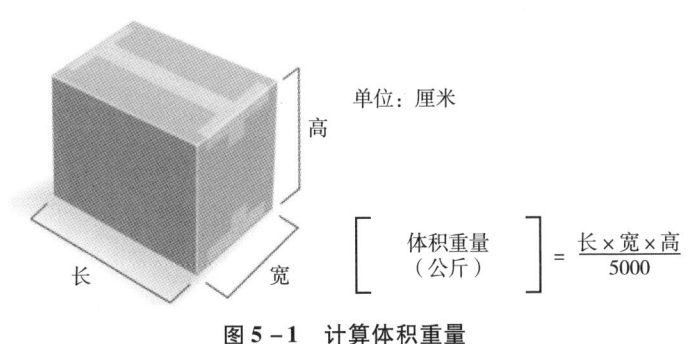

$$\left[\begin{array}{c}体积重量\\（公斤）\end{array}\right] = \frac{长 \times 宽 \times 高}{5000}$$

图 5–1　计算体积重量

步骤三：选择适合的地区编号

在 UPS 区域表中选定货件所发往的目的地的国家地区编号。

步骤四：计算货件重量

如果在同一天寄出多件包裹给同一收件人，其运费以总运单中所包括的总重量计算，此方法适用于 UPS 所有包裹。相比以包裹为单位计算运费，一票多件的计费方式将大大减少运费开支。若一票货件包含多个包裹，则先取货件内每个包裹实际重量和体积重量的较大者，相加之后的总和为该票货件的总计费重量。每个 UPS10 千克箱以及 UPS25 千克箱都被视作一个单独的货件，因此不能以一票多件包裹的方式寄给同一收件人。

说明：每件包裹的重量上限为70千克。每件包裹的长度上限为270厘米。每件包裹尺寸上限为419厘米（长+周长[（2×宽）+（2×高）]）。每批货件总重量与包裹件数并无限制。见表5-3和表5-4。

表5-3　　UPS全球快递部分区域表（以E企业相关区域为例）

目的地	全球特快加急服务	全球特快服务	全球速快服务	全球快捷服务
美国	6	6	6	6
加拿大	6	6	6	6
英国	7	7	7	7
法国	7	7	7	7
德国	7	7	7	7
中国香港	1	1	1	1
日本	—	3	3	3
新加坡	4	4	4	4

表5-4　　UPS全球特快服务费率

货件重量（千克）	地区1	地区2	地区3	地区4	地区5	地区6	地区7
0.5	229	321	321	323	395	367	454
1	276	388	388	392	480	485	576
……	……	……	……	……	……	……	……
20	1951	2898	2869	2925	3605	4881	4561
超过20千克每千克加收费用							
21~44	97	143	141	145	180	244	228
……	……	……	……	……	……	……	……

完整区域表和服务费率表请查询 https://www.ups.com/cn/en/Home.page 可能产生的附加费用：

（1）更改地址：每更改收件人地址一次，每件包裹需额外加收人民币73元，最高收费为每票货件人民币280元如因地址不正确或因地址为邮政信箱无法递送时，此费用由寄件人支付。

（2）海关清关费用：UPS对于常规的海关清关服务，不收取附加费，包括不超过5个关税细目货件的正式报关。对于超过5个关税细目的正式报关货件，从第6个关税细目起每个关税细目需加收人民币19元，最高收费为每票货件人民币1880元。对于复杂的海关清关程序和集中清关要求可能加收附加费。

（3）垫付服务费：为加快清关速度，UPS可为客户预先垫付关税和税费。UPS将根据已为客户垫付的费用数额进行评估，并收取相应的垫付服务费。进口至中国的货件的垫付服务费将按照进口关税和税费的2%收取。每票货件最低加收人民币20元。

对于E企业来说，迅速增加的业务量使企业规模逐步扩大、销售额迅速增加的同时，对于以往选择的物流模式也带来考验。对于尺寸和重量较大的产品，或者某区域订单较多的情况，E企业应逐步考虑除国际快递外的物流模式。

在国务院总理李克强2017年的《政府工作报告》中，"跨境电商"作为政府工作重点被格外提出来，同时被提及的还有"海外仓"："要鼓励商业模式创新。扩大跨境电子商务试点，支持企业建设一批出口产品'海外仓'，促进外贸综合服务企业发展。"在国家的支持和现在跨境电商发展的趋势下，自建海外仓或者租用第三方海外仓都是随着业务扩大的步伐不得不考虑的物流模式。

海外仓的优势来自发货的速度以及客户体验，比如一个包裹从中国发出需要15天左右，在海外仓发出的话就只需要3~7天，同时从物流跟踪信息上来看是从目的地国本地发生，而非中国。并且海外仓整体价格比较有优势，与小包的价格相当，比快递大致便宜20%~50%。海外仓批量发货一般选择海运方式运输，在清关方面也属于大宗货物清关，清关检查严格，要求提供相关证明，比如欧盟CE认证等。

E企业的业务量大部分来自阿里巴巴国际站，2015年阿里巴巴在美国、俄罗斯、英国、法国、德国、意大利、西班牙、澳大利亚和印度尼西亚设立海外仓，并依靠平台的资源，开启了海外仓相关的优惠活动。使用海外仓服务有以下几个步骤。

步骤一：设置海外仓商品运费模板

同一个模板可以同时设置多个发货国家，商品除了可以设置发货到本国，也可设置发货到辐射国家。比如，如果发货国包括美国，那么商品还可以发货至美国辐射国家，包括加拿大、墨西哥、智利、巴西。

步骤二：发布海外仓商品信息

正常填写商品信息后，应注意仅发件国和目的国一致的订单默认提供本地无理由退货服务，海外发货商品需要提前备货到海外仓，发货期应设置为小于等于5天。只要已经备货到海外，不管是阿里巴巴自营海外仓还是第三方海外仓，都可以使用阿里巴巴海外仓相关服务。

不同模式的物流，其操作流程不尽相同，对于国际快递物流来说，主要流程包括准备货件；准备委托；上门取货；费用结算；快件追踪；快件签收。对于邮政物流来说（以EMS为例），主要流程包括填写发货信息（基本信息，商品信息和申报信息）；发货至国内邮政速递物流仓库；仓库收货，计算运费并返回国际单号；支付运费；仓库发货给买家；填写发货通知。而海外仓物流的主要流程包括卖家将货物批量从中国发送至海外仓库存储；当海外买家在卖家的网站或其他渠道购买商品后，卖家可以在物流管理系统下单，填写需要配送的商品、买家的联系信息和选择本地配送方式；海外仓根据卖家的订单要求进行海外仓库商品的当地分拣、包装并派送至买家手中的服务。

不管选择了哪种物流模式，为了确保收件人及时准确地收到包裹，都需要了解与邮寄相关的常用知识，比如地址、包装、限制商品、关税等问题。

（1）填写地址。填写收件人全名及详细地址，如果是手写地址，请用大写字母，确保手写工整，清晰并且准确；填写回邮地址；条件允许的话，尽量以打印代替写手；填写邮编，采用目的地国家惯用的地址格式。

例如有些国家用纯数字的邮政编码，如中国，但是有些国家是用数字加字母的组合，如英国、荷兰等国家。还有，有些国家地区把门牌号码写在街道名前面，而有些却把它放在最后。有收件人的联系电话，可以避免投递延误，尤其可用于清关时需要关税等需要收件人协助等情况。

（2）货物包装。为了确保包裹在运输过程中，内容物品不被损坏，所有的邮寄物品都应当选择耐用性足够强的包装材料。邮寄物品在运输过程中，可能会被运输官方进行整批分拣打包或海关开拆查验，中转运输等（多次反复），所以需要根据所邮寄的物品特点进行包装，以免邮寄物品或者外包装受损。

包装时应注意，如用纸箱包装应采用强化胶纸或类似的纸箱专用胶纸在盒子上面及底部缠绕成"H"形。勿用一般家庭装胶纸，黏度及宽度都不符合邮寄包装要求。包裹外包装应采用强化型纸制品。

在发货前应与物流服务商确认有关重量及包装尺寸的限制问题，以确保货物安全准确地到达收件人手中。

（3）限制商品。了解各目的国相关法律法规，有些物品由于法律、健康、安全等因素，物流运营商无法承运。应查阅物流网站信息或目的国海关信息确认需要邮寄的物品是否属于违禁品，以免邮寄品被扣留、销毁或退回。

违禁品一般包括以下物品：

药品和精神药物；武器，爆炸性，易燃性，放射性等危险物质；具有侮辱性，猥亵题字或图像信息的产品；所邮寄物品是目的地国家禁止的；活体动物，比如蜜蜂、水蛭、蚕、灭虫和灭鼠等，除非是经过登记的特殊允许机构；含70%以上的酒精的饮料；非密封瓶酒精饮料；所有类型的气溶胶。

硬币，纸币，支票或无记名证券，旅行支票，处理或未经处理的铂、金、银、宝石、珠宝及其他贵重物品只允许进行保价邮寄。

（4）关税。关税方面的问题很复杂，每个国家都有不同的征税条款及海关政策。近年来，有新海关政策条例的国家包括阿根廷、巴西、智利等。现在因为关税原因,已造成客单大量减少。所以要多和收件人沟通关税事宜,避免包裹到达目的地后,因为关税过高导致收件人不愿签收或者放弃包裹,对发货人造成一定的损失。

任务十三　跨境电商融资

在企业完成一达通双审准入,并且信用证约定的货物全部以一达通平台为出口的前提下,使用一达通超级信用证业务的主要流程可分成两部分:审核通过前和审核通过后。

一、信用证审核

(一) 信用证审核通过前

若首次代理交单,应提供代理交单银行准入资质,若已完成银行准入的出口商后续交单无须要再提交。提交流程为,从 MO 自助系统—代理交单入口—按系统提示上传银行要求的文件和协议,提交全套正本扫描件预审,预审通过按系统提示地址寄出正本资料,银行审核成功,完成资质准入。准入时效一般为收齐准入资料后的 3~5 个工作日。

将信用证正本扫描提交系统审核(每份正本须审核),审核通过后,应按系统提示寄出信用证正本。需要注意的是务必正确录入信用证号码和信用证金额,待正本收到后系统自动匹配。

一达通收到信用证正本,会在后台录入正本信息,并与出口商端录入的正本信息进行匹配。只有代理交单银行准入资质通过的客户,系统才会自动进行信用证匹配正本。系统未匹配信用证匹配正本时应及时联系服务人员进行手动匹配。

（二）信用证审核通过后

信用证正本在一达通审核通过后，企业便可在 MO 自主系统中申请信用证打包贷款，如申请单笔支用符合条件，审核通过的话，放款时间一般是在 MO 一达通客户操作自助系统提交支用申请后 1 个工作日内。

客户在一达通平台报关出货，准备好全套信用证约定正本单据，并按系统提示的地址将正本文件寄给一达通。每次交单需要出口商提供盖公章的"交单委托书"正本，随其他正本文件一起寄出。一达通在收到全套交单文件后，进行审核，如有不相符，客户需要确认不符点出单，并在 2 个工作日后完成交单。如需加急交单，客户也可以在交单文件上注明且签署"不审交单风险确认书"，一达通将直接出单。

交单后出口商可在 MO 自助平台申请代理交单出货后融资。无论是否有控货权，信用证买断单笔上限额度为 100 万元人民币，承兑买断增加单笔上限额度 300 万元人民币。累计循环额度（同时适用代理交单和非代理交单）最高不超过 500 万元人民币（保单贷尾款融资、信用证交单后贷款共用），其中累计循环额度指客户与一达通双方正在执行的买断融资总金额。

二、信用证买断服务

信用证买断服务是指对在一达通出货的信用证订单，在出货后提供买断一定比例收汇风险的融资服务。系统申请操作流程为，信用证交单后，在自助操作平台（MO 系统）—金融系统—选择信用证买断—选择信用证号码—在线提交买断申请。注意，代理交单不能使用信用证买断服务，信用证买断申请条件包括以下内容：

（1）寄送以一达通为第一受益人的信用证正本；

（2）信用证开证银行、开证国家、条款通过一达通审核（审核意见 60 天有效）；

(3) 交单单据无不符点；

(4) 开证国家、开证银行达一达通审证标准可提供最高为交单金额100%的信用证买断服务；

(5) 对于不完全符合上述第（4）点买断前提条件的，经开证行承兑后，可以申请买断。

任务十四　跨境电商风险控制

E企业作为一家正在迅速发展扩张的中小型B2B跨境电商企业，正由单一的北美市场，扩展到欧洲和亚洲各大美容仪器使用市场，在保证产品质量的前提下，更要增强风险甄别能力，进行有效的风险控制。

一、政治风险控制

在和买家订立合同时，E企业应注意在合同中增加特定条款以从多个角度确保权益。特定条款可约定利于双方买卖安全的适用法律和争议解决的方式。一般来说，价格较低或程序相对简单的仲裁能让企业更大程度地表达解决纠纷的意图，也是解决纠纷成本较低的一种途径。另外，可以订立排除双方所在国政府主权豁免、利率稳定条款、不可抗力条款，也可以约定货币汇兑的稳定性等。例如，可以和对方企业在稳定性条款中约定合同双方应按照订立合同时的法律法规履行合同义务，任何政府的行为或当地法律法规的变化均不影响合同的履行，除非经过双方同意。通过合同中类似的稳定性条款，可以避免由于目的地国法律变更而引起的合同无法履行的情况，可以使企业在争议中占有更主动的地位。

除了在合同中增加特定条款外，还可以通过向出口信用保险机构投保，转嫁由于政府行为或法律变更面临的风险。在中国的出口保险机构中，包含多种出口风险保险，其中也包括政治风险管理和赔付。保险公司的人员跟踪目的地国的政治经济情况，可以较为及时准确地进行风险预警，提供风险规避技巧，在目的地国发生经济风险时给予援助，并对海外应收账款的追偿行动提供帮助。

二、进行资信调查

对于中小型 B2B 企业来说，选择好交易对象是规避交易风险的前提，查清对方的资信情况对于企业很重要。资信调查的主要内容包括查看营业执照的正本和副本、核实经营情况、注册资本、法定地址、是否在合法进行经营活动等。

一般进行资信调查的途径主要有四种。

第一，银行调查。这也是最常见的一种方法。按照国际惯例，调查客户的情况属于银行的业务范畴。银行在出具资信证明时，应当包括企业的组织情况，包括企业的经济性质、创建历史、分支机构、主要负责人及其担任的职务等情况；资信情况，包括资金和信用两个方面的情况；经营范围，主要是指企业的生产、经营及服务活动范围；经营能力人实施了违反规定为他人出具信用证或者其他保函、票据、存单、资信证明的行为。

第二，国外的工商团体进行调查。如商会、同业公会、贸易协会，等等。但由于国外的同业组织可能会出于保护会员利益的考虑而拒绝提供真实资料，因此，通过这种渠道得来的资信，需要认真分析，不能轻信。

第三，国外资信调查机构。通过信用调查，收取委托人手续费。这些机构在世界各地派有常驻人员，负责就地调查，将调查的结果编成专册随时应用，其提供的资料较为准确，而且速度较快，但资信调查机构的分布欠广泛，同时手续费较高。

第四，实际业务考察。通过驻外机构和在实际业务活动中对客户进行考察所得的材料，一般比较具体可靠，对业务的开展有较大的参考价值。

三、物流风险控制

在物流运输过程中，时有发生包裹遗失、破损、海关扣关或者包裹退回的现象，相应的常见解决方案如下：

若运输货物中有危险品，要做好危险品证明，并在航空公司备案，危险品主要包括易燃易爆产品和干扰航空信号的产品。若包括电池类产品，要做好 MSDS 证明。不能运输涉嫌假冒伪劣的产品。

航空包裹在到达目的国时需要经过多次中转，国际物流可能会遇到包裹丢失、恶劣天气导致的投递延迟、分拣人员暴力分拣、中转拆包导致的外包装破损等问题。E 企业的产品打包工作已外包给第三方公司，为不同型号的产品定做了相应尺寸的木箱，还应注意箱内多垫泡沫、气泡袋等，起到固定的作用，以保证递送中产品的安全。另外当货物货值较高的时候，企业还可以购买保险。遇到对时效要求比较高的客户，则要注意物流模式的选择，慎用时效性低的物流模式。

如产品为目的地国限制进口产品，或认定为侵权产品会被海关扣查；另外报关时货物申报价值与实际不符，货物会被退回或当地弃件或销毁；由于关税过高，买家不愿清关等问题都是在清关时常出现的。为了避免清关问题的出现，企业应提前了解目的地国海关清关的要求，避免涉嫌侵权，如实申报产品价值。申报内容要尽量详细，避免只写"礼品""配件"等简单内容。还需要注意的是，在寄往巴西时，要注明收件人 VAT 税号；电子产品邮寄到欧洲，尤其是意大利和西班牙时，需要 CE 标志；西班牙、葡萄牙、波兰、乌克兰、意大利、俄罗斯、巴西、以色列八个国家不能弃件或销毁。

【思考和练习】

一、选择题

1. 邮政包裹模式主要包括（　　）。

A. EMS 　　　　　　　　　B. 国际 E 邮宝（ePacket）

C. 中邮小包 　　　　　　　D. 中邮大包

E. 其他邮政小包

2. 海外仓储包含（　　）部分。

A. 头程运输　　B. 仓储管理　　C. 本地配送　　D. 海外直邮

二、判断题

1. 代理出口是指外贸企业或其他出口企业，受委托单位的委托，代办出口货物销售的一种出口业务。（　　）

2. 代理出口是没有进出口经营权的生产企业积极参与国际贸易的最佳途径。（　　）

三、简答题

1. 跨境电商风险控制包括哪些？
2. 信用证买断服务是什么意思？

参考文献

[1] 丁慧琼. 中小跨境电商融资及对策研究——以浙江地区为例[J]. 国际商务财会, 2017 (2): 31-33, 42.

[2] 李伊琳. "互联网金融+跨境电商"模式探索:"铜掌柜"开启跨境电商供应链融资掘金路径[N]. 21世纪经济报道, 2015-07-16 (011).

[3] 李月乔. 我国中小外贸企业开展跨境电商面临的机遇与挑战[D]. 石家庄:河北经贸大学, 2016.

[4] 单祯婷. 鑫君公司跨境电子商务平台选择研究[D]. 湘潭:湘潭大学, 2015.

[5] 王荣. 跨境电商平台特点分析[J]. 中国管理信息化, 2017 (6): 133-134.

[6] 鄢荣娇. 我国跨境电商物流中的海外仓建设模式研究[D]. 合肥:安徽大学, 2016.

[7] 杨璘璘. 基于大数据、服务"一带一路"的中国茶产品跨境电商出口现状分析及对策[J]. 统计与管理, 2016 (10): 61-65.

[8] 张卉. 跨境电商发展的SWOT分析及对策[J]. 山东工商学院学报, 2015 (3): 88-93.

[9] 张夏恒. 跨境电商类型与运作模式[J]. 中国流通经济, 2017 (1): 76-83.

[10] 张夏恒, 马天山. 中国跨境电商物流困境及对策建议[J]. 当

代经济管理，2015（5）：51-54.

［11］阿里巴巴外贸圈，https：//waimaoquan. alibaba. com.

［12］百度百科，https：//baike. baidu. com.

［13］城市论坛，http：//www. chengshiluntan. com.

［14］敦煌网，http：//bbs. dhgate. com.

［15］环球外贸论坛，http：//bbs. fob5. com.

［16］商网，http：//edm. ishang. net/knowledge/news. php.

［17］亿邦动力网，http：//www. ebrun. com.

［18］中国电子商务研究中心，https：ciecc. ec. com. cn/.